Dieter Kiwus

Mehr Verkaufserfolg durch Selbstcoaching

Dieter Kiwus

Mehr Verkaufserfolg durch Selbstcoaching

Überflügeln Sie sich selbst:
in 21 Tagen zum Quantensprung

4., überarbeitete Auflage

GABLER

Bibliografische Information der Deutschen Nationalbibliothek
Die Deutsche Nationalbibliothek verzeichnet diese Publikation in der
Deutschen Nationalbibliografie; detaillierte bibliografische Daten sind im Internet über
<http://dnb.d-nb.de> abrufbar.

1. Auflage 2001
2., erweiterte Auflage 2003
3., aktualisierte und ergänzte Auflage 2007
4., überarbeitete Auflage 2011

Alle Rechte vorbehalten
© Gabler Verlag | Springer Fachmedien Wiesbaden GmbH 2011

Lektorat: Manuela Eckstein

Gabler Verlag ist eine Marke von Springer Fachmedien.
Springer Fachmedien ist Teil der Fachverlagsgruppe Springer Science+Business Media.
www.gabler.de

Umschlaggestaltung: KünkelLopka Medienentwicklung, Heidelberg
Satz: ITS Text und Satz Anne Fuchs, Bamberg
Gedruckt auf säurefreiem und chlorfrei gebleichtem Papier
Printed in Germany

ISBN 978-3-8349-2565-7

Vorwort

Was wäre unsere Welt, wenn es ab morgen keine Verkäufer mehr gäbe? Die besten Produkte würden in den Lagerhallen der Produktionsbetriebe verstauben. Innovative Produkte, die den Menschen das Leben angenehmer machen, würden sich (wenn überhaupt) kaum mehr kostendeckend produzieren lassen. Es gäbe Massenentlassungen und sicherlich die größte Wirtschaftskrise aller Zeiten.

Verkaufen ist einer der wichtigsten Bestandteile unseres Wirtschaftssystems. Verkäufer bringen den Umsatz, entwickeln die Kundenbeziehungen, geben Impulse für neue Produkte und Dienstleistungen. Aber der Beruf des Verkäufers ist nicht nur wichtig, er ist auch äußerst interessant, ehrlich und lehrreich, macht Spaß und wird bei entsprechendem Erfolg auch sehr gut bezahlt. Dennoch rümpfen viele Menschen die Nase, denn über diesen Beruf existieren viele Vorurteile und irrige Meinungen.

Wahrscheinlich sind Ihnen in diesem Zusammenhang die folgenden Aussagen geläufig:

➤ *Zum Verkäufer muss man geboren sein.*

Ich war es sicher nicht, habe diesen Beruf aber wie viele andere auch Schritt für Schritt erlernt, weil ich es wollte. Sicherlich gibt es in jeder Disziplin Naturtalente, aber bereits Goethe sagte: „Das Genie besteht zu fünf Prozent aus Inspiration und zu 95 Prozent aus Transpiration."

➤ *Als Verkäufer muss man andere überreden.*

Die Erfolgreichsten, die ich gecoacht habe, taten dies gerade nicht. Wer andere nur überredet, hat langfristig im Verkauf keine Chancen.

➤ *Als Verkäufer muss man viel reden.*

Das Gegenteil ist der Fall: Die besten Verkäufer sind vor allem gute Zuhörer. Wer viel redet, redet meist nur am Kunden vorbei.

➤ *Als Verkäufer muss man über Leichen gehen.*

Ich kenne keinen wirklich erfolgreichen Verkäufer, der dies auch nur im Ansatz tut. Im Gegenteil, unehrliche und rüpelhafte Verkäufer sind heute schneller aus dem Rennen denn je.

Verkaufen zu können ist viel mehr als nur eine Berufseigenschaft. Die Fähigkeit, verkaufen zu können, benötigt im Grunde *jeder* Mensch, denn wie sonst will er sich, seine Meinungen und seine Ideen im täglichen Leben anderen Menschen erfolgreich vermitteln? Die Geschichte der Menschheit ist voll von leuchtenden Beispielen, die zeigen, wie wichtig die Fähigkeit ist, sich und seine Ideen, beispielsweise als Erfinder oder auch Künstler, verkaufen zu können. So gesehen, sollten nicht nur Verkäufer in Sachen Verkauf fit gemacht werden. Wirklich guten Verkäufern stehen überall die Türen offen, für sie werden große Anzeigen im Stellenteil der Zeitungen geschaltet. Headhunter rufen sie an, um sie abzuwerben. Es gibt nur wenige Berufe, in denen es auch ohne besonderes Studium möglich ist, mit Begeisterung, Fleiß, Ausdauer, Ehrlichkeit und der Bereitschaft, an sich zu arbeiten, so schnell weit mehr als der Durchschnitt zu verdienen.

Unbestritten ist, dass die Aufstiegsmöglichkeiten nirgendwo anders so gut und aussichtsreich sind. Viele Spitzenmanager der deutschen Wirtschaft haben eine erfolgreiche Verkäuferkarriere hinter sich und bekennen sich zu diesem anspruchsvollen Beruf.

Als Trainer und Coach habe ich in den letzten Jahren Hunderte Verkäufer in der Praxis begleiten dürfen. Dabei bestand mein größtes Interesse immer darin herauszufinden, was *der* Unterschied ist, der *den* Unterschied bei Verkäufern und deren Erfolgen ausmacht. Ich bin zu der Überzeugung gelangt, dass die besten Verkäufer von morgen diejenigen sein werden, die ihren Beruf wirklich *professionell* betreiben, sich permanent *weiterbilden* und ähnlich wie Spitzensportler konsequent ihre Fähigkeiten *trainieren.* Aber das Wichtigste ist und bleibt die *Begeisterung,* die ein Verkäufer für sich, seine Dienstleistungen, seine Firma und auch gegenüber seinen Kunden entwickelt.

Es spielt keine Rolle, ob Sie erst seit einigen Wochen im Verkauf arbeiten oder bereits ein erfahrener Vertriebsprofi sind. Für den Selbstcoaching-Prozess, der Ihnen in diesem Buch vorgestellt wird, ist etwas anderes viel entscheidender: Die einzige Voraussetzung, die Sie mitbringen sollten, ist das starke Verlangen, Ihren persönlichen Erfolg und die Erfüllung in Ihrem Beruf aus eigenem Antrieb steigern zu wollen. Nach dem Motto: *„Jetzt helfe ich mir selbst."* Es geht also nicht darum, sich kurzfristig motivieren zu lassen, sondern die wichtigsten Fähigkeiten für überdurchschnittlichen Verkaufserfolg gezielt selbst zu trainieren und dauerhaft zu verinnerlichen. Das ist das Ziel dieses Selbstcoachings. Durch die zahlreichen Übungen, Checklisten und Tipps in diesem Buch können Sie Ihre inneren Widerstände abbauen und Ihre individuelle Erfolgsfähigkeit beträchtlich steigern.

> **Wenn wir alles täten, wozu wir imstande sind, würden wir uns wahrlich in Erstaunen versetzen.** *Thomas A. Edison*

Ich möchte mich ganz herzlich bei allen Menschen bedanken, die mir mit ihren Ideen und Anregungen geholfen haben, dieses Buch fertig zu stellen! Besonders erwähnen möchte ich meine Frau Gaby, Monika Rudolf, Tom Klein, Heinz-Jürgen Sprungk, Andreas Glemser, Armin Rupp, Roland Müller, Klaus Meier, Rudolf Mader und Bernhard Graß, alle Teilnehmer meiner Trainings und Coachings und natürlich die Lektorinnen des Gabler-Verlags, Manuela Eckstein und Margit Schlomski.

Ihr
Dieter Kiwus

Vorwort zur 4. Auflage

Kürzlich war ich wieder einmal in einer großen Buchhandlung, um nach neuen interessanten Büchern zu „stöbern". Was mir dabei auffiel, war die wachsende Anzahl an Büchern mit dem Begriff „Selbstcoaching". Als ich im Jahr 1999 an meiner ersten Auflage dieses Praxisbuchs schrieb, gab es auf Google kaum einen Treffer zu dem Suchbegriff „Selbstcoaching". Heute scheint es offensichtlich zunehmend dem Zeitgeist zu entsprechen, sich selbst zu helfen. Dies belegt auch die beachtliche Zahl von immerhin 46 300 Google-Treffern zum Thema. Da die Anforderungen im Berufsleben und insbesondere im Verkauf aus der Sicht von vielen Fachleuten immer höher werden, ist dies eine nachvollziehbare Entwicklung.

Insofern freue ich mich, dass Sie sich entschieden haben, diesen „Longseller" in seiner neuesten und aktualisierten Version zu nutzen. Ein Leser schickte mir kürzlich eine Mail mit etwa folgendem Inhalt: „Dieses Buch verlangt viel vom Leser, gibt aber viel mehr zurück!" Ich wünsche Ihnen die Bereitschaft, sich auf die Praxisübungen in diesem Werk einzulassen, und viele hilfreiche Erkenntnisse bei der Weiterentwicklung Ihrer Potenziale.

Herzlichst
Ihr
Dieter Kiwus

Inhalt

Situative Coachingaufgaben

Verkaufstechniken

Empfehlungsmarketing

Selbstmanagement

Warum Selbstcoaching?

Die Fachleute sind sich einig: Kaum ein anderes Berufsprofil hat sich in den letzten Jahren derart dramatisch verändert und wird dies weiterhin tun. Der Verkäufer wird zum Beispiel in der Produktentwicklung in zunehmendem Maße als Ideenvermittler zwischen den immer anspruchsvolleren Kundenbedürfnissen und den produzierenden Unternehmen tätig. In einer Zeit, in der sich Produkte und Dienstleistungen immer schneller angleichen, kommt es mehr denn je auf die *Persönlichkeit* des Verkäufers an, sie wird immer mehr zum entscheidenden Erfolgsfaktor. Dies umso mehr, da der Anforderungsdruck und die Konkurrenzsituation – gerade durch das Internet und die Globalisierung – in Zukunft zunehmen werden. Der Markt entwickelt sich mit hoher Geschwindigkeit immer mehr zu einem *Käufermarkt*. Die daraus resultierenden Konsequenzen für die Unternehmen sind aus der Sicht von Marktexperten weitreichend. Ganze Prozessketten in Unternehmen werden durch *E-Business* entfallen. Die Bereiche Vertrieb und Verkauf sind bei diesen Veränderungen besonders gefordert. Einfach ausgedrückt:

> **Wer als Verkäufer in den nächsten Jahren das hohe Lied der Kundenorientierung nicht wirklich gut lernt und aus Freude singt, wird bald ganz verstummen.**

Die Königsdisziplinen, die zu entwickeln sind, heißen:

➤ Dienstleistung über das „Normale" hinaus

➤ Spezialisierung auf eine Zielgruppe und dadurch zum gefragten Experten werden

➤ Beziehungs-Netzwerke in seiner Branche aufbauen und pflegen

- Persönlichkeitsentwicklung als innere Voraussetzung für große Erfolge im Äußeren

- Die Fähigkeit, sich und andere begeistern zu können

Es mag sein, dass wir durch das Wissen anderer gelehrter werden. Weiser werden wir nur durch uns selbst.

Michel de Montaigne

Im Zusammenhang mit Leistungssteigerung ist Coaching in den letzten Jahren sowohl im Sport als auch im Management und Verkauf zum Schlüsselbegriff geworden.

- Der Coach zeigt die inneren Widerstände und Erfolgsblockaden auf und hilft, diese zu beseitigen.

- Er steht bei Krisen und Problemstellungen vertrauensvoll zur Seite und hilft, neue Wege und Sichtweisen zu finden.

- Er treibt den Gecoachten an, über seine bisherigen selbst gesetzten Grenzen hinaus zu gehen.

So gesehen, wäre es sinnvoll, wenn jeder Verkäufer auch seinen persönlichen Erfolgscoach hätte. Immer mehr Firmen erkennen die Vorteile eines Coaches auch für ihre „normalen" Mitarbeiter, sie bieten diesen nach Verkaufstrainings ergänzend individuelle Coachingmaßnahmen durch einen professionellen Coach an.

Es hat sich gezeigt, dass solch gezieltes Coaching nach Trainings die Umsetzung der erlernten Inhalte in die Praxis im Schnitt um über 50 Prozent erhöht. So sind Coachings für Verkäufer meist schon während der Coachingphase durch die deutlichen Umsatzsteigerungen sofort kostendeckend.

Da ein Privatcoach über einen längeren Zeitraum oft nur für Spitzensportler oder Top-Manager eingesetzt wird, entstand die Idee des geführten Selbstcoaching. Der große Vorteil gegenüber dem „lebenden" Coach ist der bescheidene Preis eines Buches und die größere zeitliche Flexibilität – *vorausgesetzt Sie sind 21 Tage konsequent bei der Sache!*

Ich versichere Ihnen aber schon jetzt: Die tägliche Zeitinvestition in Ihren Coachingprozess zahlt sich allemal aus!

Hier einige inspirierende Beispiele von Feedbacks begeisterter „Selbstcoacher", die mir ihre Erfahrungen nach der Durcharbeitung dieses Buchs (in der ersten Auflage) per E-Mail zukommen ließen:

„... ich habe meinen Umsatz in den letzten Monaten nach dem Selbstcoaching verdoppelt!"   *Klaus Meier aus F.*

„... durch Ihr Selbstcoaching macht mir mein Beruf mehr Spaß als je zuvor."   *Markus Scholz aus M.*

„... ich habe in den letzten drei Wochen so viele neue Ideen wie schon lange nicht mehr entwickelt und umgesetzt."
Rudolf Markert aus L.

„... ich habe meinen bisherigen Hauptberuf endlich gekündigt und habe einen vollen Kalender mit Terminen."
Monika Berner aus S.

Aussagen wie diese zeigen, dass Selbstcoaching viel mehr ist als eine innovative Wortschöpfung. Diese Selbstcoaching-Anleitung ist vielmehr ein machtvolles Werkzeug, um den persönlichen Erfolg aus sich selbst heraus signifikant zu steigern.

☛ **Merke:**
Jeder Durchschnittsmensch, der motivierende Ziele hat, klare Prioritäten setzt und wichtige Aufgaben schnell erledigt, wird viel weiter kommen als ein Genie, das viel redet und wunderbare Pläne schmiedet, aber nur sehr wenig zu Wege bringt.

Die Grundlagen des Selbstcoaching

Selbstcoaching baut auf folgenden Überlegungen auf:

➤ Erfolg ist nicht durch Zufall oder Glück bestimmt, sondern die Wirkung von zielgerichtetem Denken, Entscheiden und Handeln.

➤ Beruflicher wie privater Erfolg steht jedem Menschen zu, er entsteht und wächst am schnellsten durch Veränderungen bei uns selbst, unserer *inneren Einstellung*, unseren *Erwartungen* und unserem *täglichen Handeln*.

➤ Dieses Buch bringt Ihnen die größten Erfolge, wenn Sie absolut ehrlich zu sich selbst und zu Folgendem bereit sind:

  • Sie übernehmen die volle Verantwortung sowohl für Ihre jetzige Lebenssituation als auch für Ihre Zukunft.

  • Sie überprüfen Ihre bisherigen Überzeugungen und Gewohnheiten auf ihre „Zukunftstauglichkeit" und ändern diese gegebenenfalls.

➤ Die Coachingaufgaben in diesem Buch entstanden aus der Einsicht, dass die Arbeit an der inneren Einstellung zu sich, zu seiner Aufgabe und zu den Mitmenschen am schnellsten und auch am effektivsten zu mehr Erfolg und innerer Zufriedenheit führt.

☛ **Merke:**
Jede Veränderung beginnt mit einem starken Verlangen – dem Verlangen, wirklich etwas verändern zu wollen.

Der Erfolgshebel

Die nachfolgende Grafik ist ein Denkmodell und stellt einen Erfolgshebel für den Verkaufsprozess dar. Dadurch wird deutlich, welche Hebelwirkung die einzelnen Faktoren auf das Ergebnis im Verkauf haben:

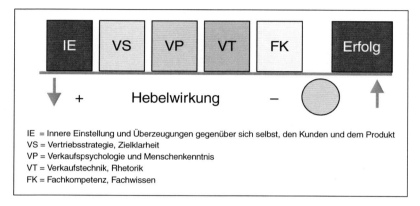

Abbildung 1: Der Erfolgshebel

Die Arbeit an unserer *inneren Einstellung* und unseren Überzeugungen hat also die größte Hebelwirkung auf unseren Erfolg. Vorausgesetzt, die Grundlagen (Fachkompetenz) sind vorhanden. In dem auf 21 Tage ausgelegten Coaching-Prozess werden wir uns deshalb relativ wenig mit dem Thema VT (Verkaufstechnik) befassen. Am Ende dieses Buchs sind einige besonders wichtige Verkaufstechniken beschrieben. Wenn Sie Ihre Verkaufstechnik nachhaltig steigern wollen, empfehle ich Ihnen ein Intensivtraining mit anschließendem Praxiscoaching.

> **Niemand kann Vertrauen vermitteln, wenn er nicht selbst Vertrauen hat; nur der, der überzeugt ist, überzeugt.**
>
> *Matthew Arnold*

So nutzen Sie dieses Trainings-Buch effektiv

1. Betrachten Sie dieses Buch als Ihren persönlichen Erfolgs-coach! Lesen Sie den Text für den jeweiligen Tag am Morgen aufmerksam durch und führen Sie die Vormittagsaufgabe möglichst *noch am Morgen* durch.

2. Beurteilen Sie die einzelnen Aufgaben bitte nicht nach Wichtig oder Unwichtig, Bekannt oder Unbekannt, Richtig oder Falsch – *handeln Sie einfach!* Führen Sie die Aufgaben stets gewissenhaft durch und bewerten Sie die Aufgabe und Ihre Ergebnisse immer erst am Ende des Tages.

3. Seien Sie *konsequent:* Führen Sie dieses Coaching in maximal 30 Arbeitstagen ohne Wenn und Aber durch und beginnen Sie nach einigen Wochen wieder von vorne. Dies sollten Sie so lange tun, bis Sie alle Prinzipien, die hinter den Aufgaben stehen, verinnerlicht haben und praktizieren.

4. Beginnen Sie sofort mit dem Coaching. Der beste Zeitpunkt für eine positive Veränderung ist immer *jetzt* – alles andere sind meist nur Ausreden.

5. Wenn Sie eine Aufgabe nicht erledigt haben, dann führen Sie diese unbedingt am nächsten Arbeitstag durch. Wenn Ihnen einzelne Coachingaufgaben schwer fallen, sind erfahrungsgemäß gerade diese besonders wichtig für Sie.

6. Führen Sie die jeweiligen Aufgaben (wenn gefordert) *unbedingt schriftlich* aus. Dadurch gewinnen Ihre Gedanken an Tiefe und Sie vermeiden, dass die Übungen nur oberflächlich gemacht werden. Außerdem können Sie jederzeit an den einzelnen Gedanken weiterarbeiten, zu einem späteren Zeitpunkt Ihren früheren Erkenntnisstand nachlesen und somit Ihre zwischenzeitliche Entwicklung besser nachvollziehen.

Sie werden sehen, dass Ihre eigenen Fortschritte Sie immer wieder motivieren werden weiterzumachen.

7. Beachten Sie bitte auch die situativen Coachingaufgaben am Ende dieses Buches.

8. Sprechen Sie möglichst erst am Ende der 21 Tage mit anderen Personen über Ihren neuen Coach! Die Erfahrung hat gezeigt, dass sich viele Menschen nicht für die Weiterentwicklung Ihrer Mitmenschen interessieren. Kommentare wie: „Das bringt doch nichts", „Du bist doch schon erfolgreich, was willst du denn noch mehr", können Sie dadurch von vornherein umgehen.

9. Zu jedem der 21 Themen gibt es natürlich umfangreiche Literatur und Informationen im Internet. Eine entsprechende Empfehlungsliste zur Vertiefung der wichtigsten Themen finden Sie am Ende des Buches.

10. Es ist besser, eine Coachingaufgabe im Zweifelsfall nur oberflächlich, dafür aber schriftlich durchzuführen, als überhaupt nicht oder nur in Gedanken.

11. Wenn Sie nach einer gewissen Zeit das Buch wieder durcharbeiten wollen, ist es von Vorteil, wenn Sie Ihre Antworten zu den Coachingaufgaben *nicht im Buch, sondern in einem separaten Notizbuch* niedergeschrieben haben. So können Sie, nachdem die neue Notiz gemacht ist, Ihre Eintragungen vergleichen und somit Ihre Veränderungen und Fortschritte objektiver kontrollieren.

Wenn sich eine Tür schließt, öffnet sich eine andere. Aber wir schauen so lange mit so viel Bedauern auf die geschlossene Tür, dass wir die, die sich für uns geöffnet hat, nicht sehen.

Alexander Graham Bell

1. Tag: Nutzen Sie die Standortanalyse als Basis für Ihren Erfolg

Herzlichen Glückwunsch, Sie haben nun eine Chance, die sich selten bietet! Denn:

Heute ist der erste Tag vom Rest Ihres Lebens!

Jeder Mensch strebt zwar eine hohe Lebensqualität an, aber die meisten sind nicht bereit, auch etwas Besonderes dafür zu geben. Sie warten darauf, dass sich die Umstände von selbst verbessern, spielen Lotto oder warten auf *die* große Chance im Leben!

Vielleicht stimmen Sie mir zu, wenn ich sage, dass einem im Leben (langfristig) nichts geschenkt wird. Positive Ereignisse in Ihrem Leben müssen von Ihnen selbst initiiert werden. Den Preis für Ihren Erfolg bestimmen allerdings Sie weitgehend selbst!

☞ **Merke:**
So können Sie das Rad des Erfolgs jeden Tag mühselig selbst neu erfinden oder einfach von anderen lernen!

Sie werden in den nächsten 21 Tagen bei konsequenter Umsetzung der einzelnen Themen garantiert mehr für Ihren persönlichen Erfolg und damit für Ihre Lebensqualität leisten, als die meisten Menschen in einem ganzen Jahr bereit sind, dafür zu tun. Machen Sie sich bewusst, dass Sie dadurch zu einer kleinen Elite von Menschen gehören, die wirklich konsequent an ihrer Persönlichkeitsentwicklung arbeitet. Aber ich möchte Sie auch vorwarnen – dieser Kurs verlangt in der Summe nicht wenig Einsatz von Ihnen:

➤ jeden Tag im Schnitt eine gute halbe Stunde Zeit,

➤ Veränderungen Ihres gewohnten Tagesablaufs,

➤ intensive Auseinandersetzung mit Ihren inneren Einstellungen,

➤ Mut bei der Umsetzung von neuen Ideen und Erkenntnissen.

Wann, wenn nicht jetzt?

Wenn Sie es also *wirklich* ernst meinen, dann fangen Sie am besten gleich an, Ihren Erfolg und Ihre Lebensqualität zu steigern, indem Sie konsequent 21 Arbeitstage intensiv arbeiten. Für dieses Buch gilt:

Lesen ist Silber, Schreiben und Handeln sind Gold.

Einführung zur 1. Coachingaufgabe

Führende Erfolgsexperten sind sich einig, dass der Erfolg eines Menschen nur zu ca. 15 Prozent durch sein Fachwissen und zu ca. 85 Prozent durch seine Persönlichkeit verursacht wird. *Selbsterkenntnis* und *Selbstvertrauen* sind für jeden, der beruflichen Erfolg anstrebt, fundamentale Kriterien. Schauen wir uns deshalb die beiden Begriffe einmal etwas näher an:

Selbsterkenntnis ist das Erkennen der eigenen Fähigkeiten, Neigungen, Stärken und Schwächen. Je mehr Sie sich darüber im Klaren sind, desto mehr können Sie Ihre Stärken aktiv nutzen und wirksame Strategien entwickeln, wie Sie Ihre Schwächen ausgleichen oder sogar in Stärken verwandeln.

Dirk Nowitzki erkannte zum Beispiel sehr früh sein Talent im Basketball, er versuchte nicht, nebenbei noch Rennfahrer zu werden, sondern konzentrierte sich voll auf seine individuellen Stärken. Wenn Sie im Verkauf große Ziele erreichen möchten, ist es wichtig, Ihren individuellen Stil zu entwickeln und diesen permanent zu optimieren. Aber vorher sollten Sie Ihre Stärken und Schwächen analysieren.

Wir werden uns also Zeit nehmen, Ihre Selbsterkenntnis zu vertiefen. Dadurch werden Sie Ihre Effektivität beträchtlich steigern können.

Selbstvertrauen ist jene Eigenschaft, die uns im entscheidenden Moment, wenn es um Mut und Entschlossenheit geht, entweder Flügel wachsen lässt oder eben nicht.

Zig Ziglar, einer der bekanntesten amerikanischen Verkaufstrainer und Bestsellerautor, hatte in seiner aktiven Zeit als Verkäufer auch dann noch das Selbstvertrauen, an fremden Türen zu klingeln, wenn er vorher x-mal die Tür vor der Nase zugeschlagen bekam. Und er hatte das Selbstvertrauen, nach jedem Verkaufsgespräch nach Empfehlungen zu fragen, so dass er immer seltener ohne Empfehlung an fremden Türen zu klingeln brauchte. Dadurch gelang es ihm, mehr zu verkaufen als alle seine damaligen Kollegen. Dies wiederum sorgte für ein noch stärkeres Selbstvertrauen, so dass er sich immer mehr zutraute.

Psychologen sind übrigens einhellig der Meinung, dass es fast allen Menschen an Selbstvertrauen mangelt. Wie sieht es bei Ihnen aus, was macht Ihr Ruhepuls bei dem Gedanken, den führenden Industriellen Ihrer Stadt jetzt anzurufen, um ihm Ihre Dienstleistung anzubieten? Na, geht der Puls schon hoch oder ist dieser Herr etwa schon Kunde bei Ihnen? Machen Sie sich nichts daraus, ich bin mir sicher, dass es 99,9 Prozent aller Verkäufer bei diesem Gedanken ähnlich ginge. Aber Sie sind bereit, an sich zu arbeiten – und darauf kommt es an!

Für große Verkaufserfolge und gelungene Preisverhandlungen benötigen Sie als Verkäufer ein besonders starkes Selbstvertrauen, ohne überheblich zu wirken. Dieses Selbstvertrauen lässt sich systematisch aufbauen, was Sie in diesem Coachingprozess jeden Tag ein wenig mehr an sich selbst erfahren werden!

Selbsterkenntnis und Selbstvertrauen sind übrigens untrennbar miteinander verbunden. Wenn wir unser Selbst ergründen und uns unsere persönliche Entwicklung, Fähigkeiten, Erfolge und Stärken immer wieder bewusst machen, steigt automatisch auch unser Selbstbewusstsein.

Damit die Saat der Schöpfung aufgehen kann, gilt es die Wahl zu treffen, was man erreichen will. Durch diese Entscheidung werden enorme menschliche Energien und Hilfsmittel aktiviert, die sonst ungenutzt bleiben. Da viele es versäumen, ihre Entscheidung auf ein Ziel auszurichten, bleiben ihre Bemühungen oft ergebnislos. Trifft man die Entscheidungen lediglich danach, was möglich und vernünftig erscheint, schneidet man sich von dem ab, was man wirklich möchte, und alles, was am Ende bleibt, ist nur ein Kompromiss.

Robert Fritz

Meine Erfolgsaufgaben für den 1. Tag

1. Ich nehme mir mindestens 15 Minuten Zeit, um folgende Fragen schriftlich zu beantworten:

   Was hat mich dazu bewogen, dieses Coaching zu starten?

   . . . .
   . . . .

   Was stört mich derzeit in meinem Leben?

   . . . .
   . . . .

Wovon möchte ich in Zukunft mehr haben (mehr Einkommen, mehr Zeit für Hobbys etc.)?

. . . .

. . . .

. . . .

Warum bin ich bereit, in den nächsten 21 Arbeitstagen *konsequent und ohne Ausreden* alle 21 Themen durchzuarbeiten?

. . . .

. . . .

. . . .

. . . .

☛ **Wichtig:**
Die Erfolgsaufgaben haben nur dann ihre volle Wirkung, wenn sie schriftlich ausgearbeitet werden!

2. Ich unterzeichne nachfolgende Vereinbarung:

Selbstverpflichtung

Hiermit verpflichte ich . . . . mich selbst, diesen Coachingprozess konsequent bis zum . . . . durchzuarbeiten. Mir ist bewusst: nur Lesen verändert nichts und ich will mehr Erfolg und Spaß in meinem Beruf. Deshalb bin ich bereit, jeden Tag 30 bis 45 Minuten in meine persönliche Entwicklung sinnvoll zu investieren. Denn ich weiß, die Investition von Zeit in meine Persönlichkeit ist eine äußerst lohnende Investition. Ich werde in den nächsten Wochen nicht nach Gründen suchen, warum ich heute keine Zeit für mein Selbstcoaching habe, sondern stets nach Wegen, wie ich es trotz eventuellem Termindruck etc. schaffe!

. . . . , den . . . .

. . . .
Name

---

3. Ich bearbeite noch heute folgende Selbsteinschätzung:

☞ **Test: Selbsteinschätzung**
Machen Sie jeweils zwei Kreuze zwischen 0 Prozent und 100 Prozent. Das erste Kreuz für Ihre Selbsteinschätzung („So stark sehe ich mich in diesem Punkt!" = Ist-Markierung). Das zweite Kreuz (am besten in einer anderen Farbe) für Ihre Einschätzung bezüglich der Wichtigkeit des jeweiligen Themas für Ihr spezielles Aufgabenfeld als Verkäufer (= Soll-Markierung).

	0%	25%	50%	75%	100%
1. Selbstbewusstsein	O	O	O	O	O
2. Selbstmotivation	O	O	O	O	O
3. Selbstmanagement (z. B. Zeitplanung)	O	O	O	O	O
4. Kontaktstärke (z. B. fremde Menschen ansprechen)	O	O	O	O	O
5. Fachkompetenz	O	O	O	O	O
6. Gesprächsführung	O	O	O	O	O
7. Verkaufspsychologie	O	O	O	O	O
8. Abschlussstärke	O	O	O	O	O
9. Teamfähigkeit (z. B. aktive Zusammenarbeit mit Innendienst?)	O	O	O	O	O
10. Preisgespräche	O	O	O	O	O
11. Reklamationsbearbeitung	O	O	O	O	O
12. Umgang mit Misserfolg	O	O	O	O	O
13. Mentale Erfolgstechniken	O	O	O	O	O
14. Telefonakquise	O	O	O	O	O
15. Auftragsbearbeitung	O	O	O	O	O
16. Selbstcontrolling (z. B. eigene Abschlussquote kennen und permanent optimieren)	O	O	O	O	O

	0%	25%	50%	75%	100%
17. Kundenpflege (z. B. After-Sales-Service)	O	O	O	O	O
18. Zielorientierung (z. B. arbeiten nach Prioritätenliste)	O	O	O	O	O
19. Tourenplanung	O	O	O	O	O
20. Präsentation im Gespräch	O	O	O	O	O
21. Einsatz von Verkaufshilfen (z. B. Zeitungsartikel)	O	O	O	O	O
22. Empfehlungsgeschäft	O	O	O	O	O
23. Weiterbildung (z. B. Verkaufstrainings)	O	O	O	O	O
24. Aufbau von Multiplikatoren (z. B. aktive Empfehlungs- geber)	O	O	O	O	O
25. Aktiver Einsatz von Referenzen	O	O	O	O	O
26. Flexibilität	O	O	O	O	O
27. Menschenkenntnis	O	O	O	O	O
28. Leistungsbereitschaft	O	O	O	O	O
29. Optimismus	O	O	O	O	O
30. Geduld	O	O	O	O	O
31. Ausdauer	O	O	O	O	O
32. Ehrlichkeit	O	O	O	O	O
33. Zuverlässigkeit	O	O	O	O	O
34. Kreativität	O	O	O	O	O
35. Freundlichkeit	O	O	O	O	O
36. Einsatz von moderner Technik (z. B. Internetmarketing und Werbung, E-Mail, Computer- präsentation)	O	O	O	O	O

Verlierer konzentrieren sich auf die negativen Dinge im Leben, Gewinner auf die positiven. Dadurch haben sie mehr Energie für die Lösung der anstehenden Herausforderungen.

Coachingaufgabe zur Selbsteinschätzung

1. Bitte überlegen Sie sich jetzt, wie Sie die drei Bereiche mit den höchsten Prozentzahlen (die drei Bereiche, in denen Sie sich am stärksten eingeschätzt haben) in Zukunft noch konsequenter für Ihren Erfolg bei Ihrer Arbeit einsetzen können.

   a) Nr. ....

   ....

   b) Nr. ....

   ....

   c) Nr. ....

   ....

2. Ermitteln Sie nun die drei Punkte mit der größten Differenz zwischen Ist-Markierung und Soll-Markierung. Behindern diese Bereiche Sie auf Ihrem Weg zum Erfolg? Wenn ja, was ist konkret zu tun, wer oder was kann Ihnen bei den einzelnen Themen umgehend weiterhelfen?

   a) Nr. ....

   ....

   b) Nr. ....

   ....

   c) Nr. ....

   ....

3. Nach Beendigung des 21-Tage-Selbstcoaching empfehle ich Ihnen, mit den genannten 36 Punkten die Benjamin-Franklin-Methode anzuwenden. Franklin hatte eine ähnliche Anzahl

von Werten zusammengetragen, die ihm für sein Leben wichtig waren, und schrieb diese auf Karteikarten. Jeden Tag zog er eine Karte mit einem Wert (z. B. Ehrlichkeit) und übte sich diesen Tag in der praktischen Umsetzung des Themas. Im Lauf der Zeit wurde er dadurch immer geübter in der Umsetzung seiner für ihn wichtigsten Eigenschaften.

Haben Sie die Aufgaben bereits schriftlich beantwortet?

Wenn nicht, dann lesen Sie die Einführung zu dieser Aufgabe lieber noch einmal durch!

4. Am Ende des Tages höre ich mir meine Lieblingsmusik an und beantworte dabei schriftlich folgende Fragen:

   Was waren heute meine Erfolgs- und Lernerfahrungen?

   . . . .

   . . . .

   . . . .

   . . . .

☛ **Merke:**
Gewinner haben eine klare Vorstellung von dem, was sie unter Erfolg verstehen!

Was bedeutet für mich überdurchschnittlicher Erfolg konkret?

. . . .

. . . .

. . . .

. . . .

☛ **Merke:**
Gewinner haben ein gesundes Maß an Selbstbewusstsein, sie sind es sich wert, überdurchschnittlichen Erfolg zu haben.

Warum habe *ich* es verdient, diesen Erfolg zu haben (nennen Sie mindestens fünf Gründe)?

1. . . . .

. . . .

2. . . . .

. . . .

3. . . . .

. . . .

4. . . . .

. . . .

5. . . . .

. . . .

Erfolgskontrolle: Alles erledigt? ❏ ja ❏ nein

Wenn ja: Wann werde ich mir morgen wieder Zeit für mein Selbstcoaching nehmen?

. . . .

Wenn nein: Meine ich es wirklich ernst mit meinem persönlichen Erfolg?

. . . .

Wann hole ich die ersten Coachingaufgaben nach (Termin im Terminplaner eintragen)?

. . . .

Achte gut auf diesen Tag, denn er ist das Leben – das Leben allen Lebens. In seinem kurzen Ablauf liegt alle Wichtigkeit und Wahrheit des Daseins, die Wonne des Wachsens, die Größe der Tat, die Herrlichkeit der Kraft. Denn das Gestern ist nichts als ein Traum und das Morgen nur eine Vision. Das Heute jedoch – recht gelebt – macht jedes Gestern zu einem Traum voller Glück und das Morgen zu einer Vision voller Hoffnung.

Darum achte gut auf diesen Tag.

Aus dem Sanskrit

2. Tag: Machen Sie Ihren Beruf zu Ihrer Berufung

Wir lieben Menschen, unsere Heimat, wir haben unsere Lieblingsmusik, aber viele Menschen reagieren brüskiert, wenn sie das Wort *Liebe* mit ihrer Arbeit in Verbindung bringen sollen.

> **Je mehr du deine Aufgabe liebst, desto mehr wirst du auch verdienen.**
>
> *Mark Twain*

Aber was passiert, wenn wir doch ein Gefühl der Liebe in unsere Aufgabe fließen lassen? Es entsteht Kreativität, Inspiration und unsere Lebensenergie kann sich ohne innere Widerstände frei entfalten. Ein altes chinesisches Sprichwort sagt:

> **Wenn du eine Woche lang glücklich sein willst: schlachte ein Schwein und verzehre es. Wenn du einen Monat lang glücklich sein willst: heirate. Wenn du ein Leben lang glücklich sein willst: liebe deine Arbeit.**
>
> *Chinesische Weisheit*

Vielleicht war es für Sie bisher ungewöhnlich, in Verbindung mit Ihrer Arbeit von Liebe zu sprechen, schließlich haben Sie gelegentlich auch unschöne Situationen oder weniger angenehme Aufgaben in Ihrer Arbeit. Oder vielleicht war die Wahl, diesen Beruf zu ergreifen, einst nur eine Notlösung. Fest steht aber, je weniger Sie Ihren Beruf lieben, desto mehr werden Sie sich im Lauf der Zeit mit allen möglichen „unliebsamen" Dingen beschäftigen müssen. Diese Erkenntnis beruht unter anderem auf den Forschungen des französischen Physikers Jean E. Charon. Zusammenfassend schreibt er in seinem Buch *Der Geist der Materie:* „Die Welt ist, was ich von ihr denke". Übertragen auf Ihren Beruf bedeutet dies: das, was Sie über Ihren Beruf denken, ist für

Sie Realität. Wie sonst ist es möglich, dass ein Beruf, ja selbst einzelne Situationen, von mehreren Menschen so unterschiedlich erlebt werden können. Merken Sie sich in diesem Zusammenhang die folgende, auf den ersten Blick simpel scheinende und vielleicht gerade deshalb oft ungeachtete Lebensweisheit:

☞ **Merke:**
Das, worauf ich meine Aufmerksamkeit lenke, wird verstärkt.

Wenn Sie Ihren Beruf nicht mögen und sich daher unbewusst auf die Schattenseiten Ihres Berufs konzentrieren, düngen Sie im übertragenen Sinne Unkraut. Diese Tatsachen können Sie übrigens im Positiven wie im Negativen auch sehr deutlich im Umgang mit anderen Menschen spüren. Wer anderen ehrliche Komplimente macht und konstruktives Feedback gibt, wird völlig andere Reaktionen von dem oder der Betroffenen erhalten als ein neidischer Kritiker. Dabei spielt es offensichtlich keine wesentliche Rolle, ob dies von uns verbal oder nur in Gedanken „ausgesprochen" wurde.

Geht Liebe nicht immer auch einher mit Leichtigkeit, Freude, Ausdauer, Inspiration? Wenn Sie also Ihre Arbeit nicht in erster Linie aus Liebe und Begeisterung, sondern aus wirtschaftlicher Notwendigkeit heraus machen, kommt mit Sicherheit etwas anderes – weniger Schönes – dabei heraus. Vielleicht klingt es paradox, aber gerade wenn Sie Ihren Beruf bisher in erster Linie aus finanziellen Gründen ausgeübt haben, sollten Sie *Ihre Einstellung* ändern. Schauen Sie sich doch um, die Verkäufer mit den höchsten Einkommen arbeiten doch nicht nur, um Geld zu verdienen – sie lieben ihre Aufgabe und sehen ihren Beruf als Berufung. Wer oder was (außer vielleicht Sie selbst?) hält Sie davon ab, es ebenso zu tun?

Einführung zur 2. Coachingaufgabe

Was fällt Ihnen ein, wenn Sie Berufsbezeichnungen wie „Versicherungsvertreter", „Außendienstmitarbeiter", „Verkäufer" oder „Mitarbeiter im Strukturvertrieb" hören? Ich habe einige Menschen kennen gelernt, die diese Wörter sofort in Verbindung mit negativen Assoziationen wie „Treppenhausterrier", „Drücker" oder „Versicherungsheini" brachten. Wie sieht es bei Ihnen aus? Machen Sie doch jetzt einen kurzen Test: Stellen Sie sich vor, Sie lernen privat einen potenziellen Kunden kennen und er fragt Sie nach Ihrem Beruf. Was und wie würden Sie ihm über Ihre Tätigkeit Auskunft geben?

➤ Würden Sie ihm mit knappen Worten Ihre Berufsbezeichnung und das Unternehmen, für das Sie arbeiten, nennen?

➤ Würden Sie ihm vielleicht nur die Branche nennen, in der Sie tätig sind?

➤ Oder würden Sie ihm mit leuchtenden Augen von dem Nutzen berichten, den Ihre Kunden durch Ihr Engagement als Verkäufer haben?

Wenn Sie bereits ähnlich wie in der letzten Variante geantwortet haben, dann sind Sie sicherlich in Ihren Beruf verliebt, wenn nicht, dann sind die heutigen Aufgaben für Sie besonders wichtig.

Kürzlich wurde ich von einem meiner früheren Kunden – nach 16 Jahren – wieder erkannt und angesprochen. Er fragte, ob ich denn nicht der Versicherungsvertreter sei, der ihm damals das Sparprogramm verkauft hätte. Kurz stolperte ich über den Begriff „Versicherungsvertreter", sah ich mich doch damals als Anlageberater! Ich zögerte aber keinen Augenblick, nachdem ich seine Frage bejahte, ihn zu fragen, ob er denn rückwirkend mit seiner damaligen Entscheidung noch zufrieden sei. Die Antwort begeisterte mich, auch nach 16 Jahren war er von der Kapitallebensversicherung, die er damals von mir gekauft hatte, überzeugt. An diesem Tag wurde mir wieder einmal deutlich bewusst, dass Verkäufer ein Beruf ist, auf den man stolz sein kann.

Immer wieder treffe ich jedoch auch auf Verkäufer, die sich Kundenberater, Repräsentanten, Berater, Accountmanager oder ähnlich nennen. Wie auch ich damals, versuchen sie das, worum es letztlich geht, irgendwie zu umschreiben. Dagegen ist im Grunde nichts einzuwenden, wenn Sie tief in Ihrem Inneren Ihre Aufgabe als Verkäufer *wirklich lieben – ja, lieben!* Sonst werden Sie kaum über das Mittelmaß hinaus wachsen.

Alle Topverkäufer, die ich gecoacht habe, liebten ihren Beruf, sie waren und sind Verkäufer aus Leidenschaft. Topverkäufer sind aus ganzem Herzen stolz auf ihren Beruf. Dadurch haben sie keine inneren Widerstände zu akquirieren oder um einen Auftrag zu kämpfen. Sie leisten, ohne sich überwinden oder anstrengen zu müssen, weit mehr als der Durchschnitt und gehen inspirierter ans Werk. Dadurch wirken sie natürlich und authentisch, was der Kunde selbstverständlich spürt. Für Topverkäufer gibt es übrigens auch keine „schlechten" Gebiete oder Kundenbestände.

Oft habe ich auch von weniger erfolgreichen Verkäufern etwa Folgendes gehört: „Meinen Beruf würde ich mehr lieben können, wenn unsere Angebote doch nur günstiger wären. Ich habe manchmal ein schlechtes Gewissen, weil ich weiß, dass der Kunde bei einem unserer Mitbewerber günstiger kaufen könnte."

Hierzu eine Anmerkung: Wenn es Kunden nur um den Preis ginge, könnte es keine Luxusmarken geben. Selbst bei austauschbaren Produkten wie beispielsweise Benzin geht es dem Kunden nicht nur um den Preis.

Letztlich geht es darum, dass der Kunde mit einem guten Gefühl ein Problem gelöst oder ein Bedürfnis gestillt haben will. Das setzt voraus, dass ein guter Verkäufer den *individuellen Bedarf* des Kunden analysiert oder geweckt hat und dann eine sinnvolle Lösung anbietet. Der Verkäufer ist also in erster Linie ein qualifizierter Problemlöser, Nutzenstifter, Beziehungsmanager und Dienstleister. Das Produkt dient als Medium auf dem Weg zum Ziel. Dieses Ziel wird der Kunde durch einen guten Verkäufer schneller erreichen. Was diese Dienstleistung wert ist, hängt zum großen Teil vom Verkäufer ab. Ich habe zum Beispiel einen Bankberater, der mich so gut berät, dass ich die hohen Gebühren einer Privatbank gerne zahle. Er liebt seinen Beruf und verhält sich äußerst kundenorientiert. Würde er mich nicht mehr so gut bedienen, wären mir die Gebühren plötzlich zu teuer. Genauso geht es Ihren Kunden!

Meine Erfolgsaufgaben für den 2. Tag

1. Heute nehme ich mir mindestens zehn Minuten Zeit (jetzt oder noch am Vormittag), um folgende Frage *schriftlich* zu beantworten:

   Warum bin ich stolz auf meinen Beruf als Verkäufer? Finden Sie mindestens fünf Gründe.

   a) ....

   ....

   b) ....

   ....

   c) ....

   ....

   d) ....

   ....

   e) ....

   ....

2. Diese Notiz trage ich in Kopie bei mir und lese sie bei jeder sich bietenden Gelegenheit (z. B. an einer roten Ampel, vor

36

einem Termin usw.) möglichst laut durch. Danach mache ich jeweils eine Markierung (ggf. ergänze ich meine Notizen) aufs Blatt, um am Abend zu wissen, wie oft ich den Inhalt gelesen habe.

3. Am Ende des Tages erledige ich folgende Aufgaben:

Ich lese den Text für den heutigen Tag noch einmal in Ruhe durch und beantworte anschließend folgende Fragen:

Was finde ich an meiner Aufgabe faszinierend, begeisternd oder einfach schön?

. . . .

. . . .

. . . .

. . . .

Welche Erfolgs- und Spaßerlebnisse hatte ich heute und was lerne ich daraus?

. . . .

. . . .

. . . .

. . . .

Was kann ich konkret tun, um die Liebe zu meinem Beruf zu steigern?

. . . .

. . . .

. . . .

. . . .

Erfolgskontrolle: Alles erledigt? ❏ Ja ❏ Nein

Meine Konsequenzen:

. . . .

. . . .

. . . .

Wann nehme ich mir morgen Zeit für das nächste Kapitel dieses
Buches?

. . . .

**Es ist nicht entscheidend, wo du stehst, sondern wohin du
gehst!**

3. Tag: Lassen Sie große Wünsche wahr werden

Die meisten Menschen neigen aus Angst zu versagen dazu, ihre größten Wünsche zu verdrängen oder als unrealistische Träume abzutun. Sie setzen sich daher – wenn überhaupt – eher kleine, bescheidene Ziele. Um diese zu erreichen, benötigen sie jedoch nur Bruchteile ihres eigentlichen Potenzials.

Diese Verhaltensweise ist zwar verständlich, die Auswirkungen aber sind bekannt: Diese Menschen verlieren im Lauf der Zeit den Glauben daran, wirklich Großes erreichen zu können. Das Selbstwertgefühl und die allgemeine Zufriedenheit sinken stetig, ohne einen konstruktiven Ausweg zu sehen.

☛ **Merke:**
Je mehr du dir zutraust, desto mehr inneres Potenzial setzt du frei.

Diese Negativspirale lässt sich jedoch durch zwei Strategien durchbrechen: Zum einen durch das Bejahen der eigenen „großen" Wünsche und das Ableiten entsprechender Ziele. Zum anderen durch *Schritt für Schritt höher gesetzte motivierende Ziele* und die daraus gewonnenen Erfolgserlebnisse. Diese Vorgehensweisen konsequent umgesetzt, bringen Ihnen langfristig unglaubliche Erfolge. Denn die meisten Menschen überschätzen, was sie in einem Jahr leisten können, und unterschätzen, was sie in zehn Jahren erreichen können. In zehn Jahren können Sie beispielsweise auf allen Gebieten ein Fachmann werden. Sie können, wenn Sie es wirklich wollen, in zehn Jahren nahezu alle Ihre Lebensträume verwirklichen. Wer außer Ihnen selbst könnte Sie dabei aufhalten? Wenn Sie heute Mut haben, kommt eine – im positivsten Sinne – spannende Zeit auf Sie zu, denn was könnte spannender sein, als seine Träume wahr werden zu lassen?

Einführung zur 3. Coachingaufgabe

Der amerikanische Bestsellerautor David J. Schwartz bringt es mit seinem Buch *Denken Sie Groß* auf den Punkt:

Alle großen Persönlichkeiten unseres Jahrhunderts haben an sich und ihre Träume geglaubt! Erfolgreiche Menschen bejahen ihre großen, für die Masse der Menschen unrealistischen Wünsche. Dies verleiht ihrer geistigen Inspiration und körperlichen Energie buchstäblich Flügel, so dass sie immer wieder mehr als der Durchschnitt leisten und letztlich auch ihre großen Träume verwirklichen.

Vielleicht haben Sie ja auch den Millionenbestseller von Josef Murphy *Die Macht Ihres Unterbewusstseins* gelesen. In diesem Buch beschreibt Murphy in zahlreichen Praxisbeispielen die nachhaltige Unterstützung unseres Unterbewusstseins für diverse Ziele und Problemstellungen. Der tief religiöse Bestsellerautor bezieht sich immer wieder auf Weisheiten aus dem neuen Testament, hier einige Beispiele:

Alles ist möglich dem, der da glaubt.

Worum Ihr gläubigen Herzens bittet, das wird euch gegeben werden.

Beschließt du eine Sache, wird's dir gelingen, und über deinen Lebenswegen strahlt ein Licht.

Denn der Vater, der in dir wohnt, bringt Rat und Hilfe.

Glaubt, Ihr habet empfangen, und es wird Euch gegeben werden.

Liest man Märchen, die ja bekanntlich oft verschlüsselte Weisheiten und Botschaften für Erwachsene beinhalten, so scheint sich auch hier die obige Thematik immer wieder zu bestätigen.

Immer, wenn die Hauptpersonen im Märchen fest entschlossen sind, das scheinbar Unmögliche zu erreichen, kommen hilfreiche Wesen wie Zwerge oder Elfen ins Spiel und sorgen für ein Happy-End.

Interessant ist, dass es Millionen von Menschen gibt, die die Macht des Glaubens, der ja Berge versetzen soll, verstandesmäßig kennen, aber dennoch nicht danach handeln. Wie ist es mit Ihnen? Sind Sie sich Ihrer größten Wünsche bewusst? Bejahen und glauben Sie an deren Erfüllung? Setzen Sie sich aktiv für überdurchschnittlich große Ziele ein, oder werden auch Sie vom Tagesgeschäft immer wieder eingeholt, so dass Sie für die wesentlichen Dinge oft kaum mehr Zeit haben? Oder denken Sie, dies mag ja für andere zutreffen, aber bei mir ist das alles etwas komplizierter?

Wahrscheinlich kommt jetzt ein klares *Jein*. Ihnen geht es vermutlich wie den meisten Menschen: Sie wollen einerseits glücklich und finanziell unabhängig sein und viele schöne Dinge besitzen – aber irgendwann kommen leise Zweifel: Brauche ich dies wirklich? Oder: Ist der Preis (Stress, persönliche Härte, Einsatz, Veränderungen usw.), den ich dafür zahle, nicht doch zu hoch? Oder: Bin ich überhaupt wirklich clever, klug oder hart genug, um mich durchzusetzen?

☞ **Machen Sie sich bitte folgende Lebensweisheiten bewusst:**
Jeder Wunsch, der Ihnen gegeben ist, kann auch für Sie in Erfüllung gehen – sofern Sie es wirklich wollen.

Der Preis, den wir für die Zielerreichung zahlen, ist meist kleiner als der Preis für ein Leben auf Sparflamme.

Es ist in der Tat einfacher, ein erfülltes und erfolgreiches Leben ohne innere Widerstände zu führen, als ein Leben mit vielen Kompromissen. Was tun? Ganz einfach:

Träumen Sie nicht Ihr Leben – leben Sie Ihren Traum!

Überwinden Sie alle Ausreden, unbewusste Versagensängste und halbherziges Akzeptieren von Mittelmaß. Sagen Sie *ja zu Ihren Wünschen* und machen Sie *konkrete Ziele* daraus. Vergessen Sie nie, es gibt nur zwei wirkliche Gründe für Misserfolg: *nie richtig anfangen und zu früh aufgeben!* Pfeifen Sie auf das, was Ihnen Ihre Eltern, Lehrer, so genannte Freunde und andere, die Sie nur klein halten wollten, gesagt haben. Werden Sie ruhig aus deren Sicht unvernünftig oder unrealistisch. Solange es Sie glücklich macht, ist alles o.k.!

Das heißt aber auch, dass Sie alle Ihre Wünsche selbstkritisch im Hinblick darauf hinterfragen sollten, ob es auch wirklich Ihre eigenen Wünsche sind.

Leben Sie Ihr Leben, nicht das Leben anderer!

Meine Erfolgsaufgaben für den 3. Tag

1. Heute nehme ich mir wieder mindestens 20 Minuten Zeit (am besten noch vor 10 Uhr morgens), um folgende Fragen bei angenehmer Musik schriftlich zu beantworten:

   Welche Wünsche, Ziele und Träume für mein zukünftiges Leben habe ich? Bitte keine allgemeine Wünsche wie „Weltfrieden" oder ähnliches! Hier geht es um Sie! Was können Sie selbst beeinflussen und in Zukunft auch erreichen?

   Berufliche Wünsche und Ziele: . . . .
   . . . .
   . . . .
   Private Wünsche und Ziele: . . . .
   . . . .
   . . . .

☞ Tipp:

Um ein besseres Gefühl für die zeitliche Abfolge zu bekommen, empfehle ich Ihnen, den Lebens-Zeit-Strahl (Abbildung 2) zu verwenden.

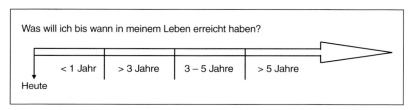

Abbildung 2: Lebens-Zeit-Strahl

Warum finde ich die einzelnen Wünsche/Träume wichtig oder faszinierend?

Vorsicht: Manche Menschen kaufen sich Dinge, die sie nicht brauchen, nur um Leuten zu imponieren, die sie nicht mögen, mit Geld, das ihnen nicht gehört!

. . . .

. . . .

. . . .

. . . .

Welcher der einzelnen Wünsche/Träume ist für mich persönlich der wichtigste – warum?

. . . .

. . . .

☞ Tipp:

Um Ihre persönlichen Wünsche leichter nach Wichtigkeit zu sortieren, empfiehlt sich folgende Vorgehensweise:

a) Schreiben Sie jeden Wunsch auf einen Zettel und legen Sie diese untereinander in beliebiger Reihenfolge vor sich auf den Tisch.

b) Nehmen wir an, Sie haben nun fünf Wünsche vor sich liegen, dann beginnen Sie mit dem fünften und vierten Wunsch und fragen sich: Welcher der beiden Wünsche ist mir wichtiger?

c) Nachdem Sie einen der beiden Wünsche für wichtiger erachtet haben, kommt dieser nun an die vierte Stelle und wird mit dem Wunsch an der 3. Stelle durch dieselbe Frage verglichen. Der Wunsch, der für Sie wichtiger ist, kommt jetzt an die 3. Stelle usw.

. . . .
. . . .
. . . .
. . . .

2. Am Abend beantworte ich schriftlich folgende Fragen:

Was waren heute meine wichtigsten Erlebnisse und was kann ich daraus für die Zukunft lernen?

. . . .
. . . .
. . . .
. . . .

3. Formulieren Sie den wichtigsten Wunsch von heute Morgen in ein konkretes Ziel. Es muss messbar, erreichbar, motivierend, zeitlich begrenzt und in Realform und positiv formuliert sein.

Beispiel:

Angenommen, Sie möchten ein eigenes Haus besitzen, dann wäre die Zielformulierung „Ich will ein eigenes Haus" wenig hilfreich. Ihr Unterbewusstsein kann Ihnen mit einer unkonkreten Zielvorstellung nicht konkret helfen. Es wäre so, als würden Sie am Ticketschalter der Bahn den Wunsch äußern: „Ich will eine Bahnfahrt machen!" Der Mensch am Schalter würde Sie dann fragen, wohin, wann und in welcher Wagenklasse Sie fahren möchten, erst dann könnte er Ihnen mit einem entsprechenden Fahrschein weiterhelfen. Mit Ihrem Unterbewusstsein ist es ähnlich: Solange Sie nicht genau definieren und festlegen, was Sie erreichen wollen, brauchen Sie sich nicht zu wundern, wenn Sie sich in Ihrem Leben mit vielen unbefriedigenden Kompromissen abfinden müssen! Und genau dies sollte spätestens ab heute der Vergangenheit angehören.

Formulieren Sie Ihr Ziel mit Formulierungen wie, „ich habe", „ich bin" und definieren Sie alle für Sie relevanten Details.

So ist es richtig:

„Spätestens bis zum XX.XX.20XX bin ich glücklicher Besitzer eines freistehenden Einfamilienhauses." Um bei dem Beispiel Haus zu bleiben, beantworten Sie sich dann folgende Fragen:

➤ Wo soll das Haus stehen?

➤ Wie groß ist die Wohnfläche, die Grundstücksgröße, die Garage?

➤ Welchen Baustil wird es haben?

➤ Welche Fassade?

➤ Welche Zimmeraufteilung möchten Sie?

➤ Wie soll der Garten aussehen?

➤ Welche Inneneinrichtung schwebt Ihnen vor?

Meine Zielformulierungen:

. . . .
. . . .
. . . .
. . . .

Visualisieren Sie nun Ihr Ziel in Ihren Gedanken als konkretes Zielbild, in dem Sie sich selbst sehen, wie Sie Ihr Ziel bereits erreicht haben! Dies fällt Ihnen dann besonders leicht, wenn Sie sich Bilder (aus Katalogen oder Magazinen) ansehen, die Ihrer Zielvorstellung möglichst nahe kommen. Wenn Sie zeichnen oder malen können, dann fertigen Sie sich ein Bild von Ihrem wichtigsten Ziel. Wenn Ihr Traumhaus bereits existiert, dann machen Sie davon einfach ein Foto.

4. Entwickeln Sie zu Ihrem größten Wunsch möglichst intensive Gefühle und Bilder: Sehen Sie sich – um wieder bei dem Beispiel Haus zu bleiben – voller Freude in und um das Haus herumspazieren, atmen Sie den Geruch der frisch gestrichenen Wände ein, fühlen Sie die Türklinken usw.

☛ **Tipp:**
Aus den Berichten zahlreicher Menschen wurde mir immer wieder klar: Je mehr es Ihnen gelingt, ein starkes positives Gefühl bezüglich Ihrer Zielerfüllung zu entwickeln, desto leichter und schneller werden Sie Ihr Ziel erreichen können.

5. Nachdem Sie nun ein konkretes Ziel haben, geht es darum, den Preis, den Sie für die Zielerreichung bereit sind zu zahlen, festzulegen. Denn Sie wissen ja: Nichts ist umsonst, aber der zu zahlende Preis ist – fast immer – Verhandlungssache.

Was bin ich bereit, jeden Tag zu tun, wenn die Erreichung meines wichtigsten Ziels garantiert ist? (Hier geht es darum, unsere Zweifel einfach beiseite zu legen und ins zielgerichtete Handeln zu kommen.)

. . . .

. . . .

. . . .

. . . .

Was bin ich morgen bereit, für mein wichtigstes Ziel zu investieren? Wenn es Ihnen wirklich wichtig ist, warum sollten Sie mit konkreten Schritten noch länger zögern?

. . . .

. . . .

. . . .

. . . .

Welche Informationen (Bücher, Prospekte, Zeitschriften) für mein wichtigstes Ziel sollte ich mir noch besorgen? (Es ist wichtig, unser Unterbewusstsein mit den gewünschten Informationen zu „füttern"!) Je mehr Sie über Ihr wichtigstes Ziel wissen, desto klarer und vertrauter wird es.

. . . .

. . . .

. . . .

. . . .

Was hat mich heute meinem mir wichtigsten Ziel näher gebracht und warum?

. . . .
. . . .
. . . .
. . . .

Was werde ich morgen alles tun, um mir selbst zu beweisen, dass ich es verdient habe, überdurchschnittlichen Erfolg zu haben?

. . . .
. . . .
. . . .
. . . .

Was hat mir heute besonders viel Spaß bereitet und wie kann ich den Spaß bei meiner Arbeit weiter erhöhen?

. . . .
. . . .
. . . .
. . . .

Erfolgskontrolle: Alles erledigt? ❏ Ja ❏ Nein

Wenn nein, dann holen Sie es bitte *jetzt* nach!

Denn Sie wissen ja: Menschen, die im Leben viel erreichen, suchen stets nach Lösungen, *wie es geht,* und nicht nach logisch klingenden Begründungen, warum es nicht geht.

> **Ziele, für die man keine große Anstrengung braucht, sind oft nicht einmal die geringe Anstrengung wert!**

4. Tag: Warum Erfolg keine Glücksache ist

Glauben Sie an unglückliche Umstände, Pech oder Zufälle? Albert Einstein, einer der genialsten Köpfe des letzten Jahrhunderts, sagte zu diesem Thema: „Gott würfelt nicht." Sowohl in der Atomphysik als auch in der Astronomie ist man sich einig, wenn es um das Thema Zufall geht: Es gibt in beiden Wissenschaften keine Zufälle, sondern nur Gesetzmäßigkeiten. Weshalb sollte es dann in unserem Leben, welches sowohl mit dem Mikrokosmos als auch mit dem Makrokosmos verwoben ist, Zufälle geben? Ergeben sich aus dieser Erkenntnis nicht einige sehr wichtige Konsequenzen für unseren beruflichen und privaten Erfolg?!

Was wir erwarten, werden wir finden. *Aristoteles*

Ein zentrales Thema für Erfolg ist Selbstverantwortung – und die fängt bei unseren Gedanken an. Die meisten Menschen gehen regelrecht verantwortungslos mit ihren Gedanken um. Gedanken sind Energie, und diese Energie wirkt in die Richtung, in die wir sie lenken. Gefühle von Angst, Pessimismus, Hass, Neid und Missgunst bewirken vor allem in unserem Körper nichts Konstruktives. Wie können wir ein Leben in Harmonie und Freude erwarten, wenn unsere Gedanken genau in die andere Richtung gehen?

Einführung zur 4. Coachingaufgabe

Die meisten erfolglosen Verkäufer machen alles Mögliche dafür verantwortlich, wenn es darum geht, Erklärungen für ihren Misserfolg zu finden. Der Kunde hatte kein Geld, das Gebiet ist schlecht, die Firma müsste die Preise senken, der Zeitpunkt für die Neukundenakquise war ungünstig, die Konkurrenz hat mit Dumping-angeboten bzw. -preisen operiert usw. Die Gründe für das Versagen liegen irgendwo außerhalb des eigenen Machtbereichs. Die Verantwortung für den Misserfolg wird an die mehr oder weniger zufälligen, nicht selbst bestimmbaren Umstände abgegeben. Anders bei den Erfolgen, hier übernehmen die meisten Menschen gerne die Verantwortung für das erreichte Ergebnis. Von Glück und Zufall wollen im Falle des Erfolgs die wenigsten etwas wissen.

Dieses Weltbild ist für Ihren Erfolg aber alles andere als förderlich. Denn wer irgendwelchen Umständen oder anderen Menschen die Verantwortung für seine derzeitige Situation gibt, hat mit der Verantwortung auch noch etwas anderes abgegeben: *die Macht, selbst etwas zu ändern.* Im Klartext bedeutet dies: Wer glaubt, keine Verantwortung zu haben, der hat auch keine Macht, die Situation selbst zu verändern! Somit macht man sich zum Opfer der Umstände.

Die Wahrheit ist: *Es gibt weder unverdientes Leid noch unverdienten Erfolg, sondern nur Ursache und Wirkung.* Das Gesetz von Ursache und Wirkung ist eines der wichtigsten Gesetze für den Erfolg. Auch Sie haben sicherlich schon Aussagen wie „Das, was der Mensch sät, wird er ernten" gelesen. Alle Erklärungsversuche, die Schuld für Misserfolge auf irgendetwas außerhalb von uns zu schieben, sind zum einen Ausreden und zum anderen „schenken" sie uns nur Machtlosigkeit und führen uns nicht weiter. Indem Sie die volle Verantwortung für alles in Ihrem Leben übernehmen, haben Sie die größte Chance, Ihr Leben selbst aktiv zu gestalten! Jetzt fragen Sie sich vielleicht: Wenn es keinen Zufall gibt, was ist dann die wahre Ursache dafür, dass ich bisher noch nicht den hervorragenden Umsatz gemacht habe, den ich mir wünsche? Antwort: Ihre Gedanken!

Unsere Gedanken sind Energie und Energie kann nicht verloren gehen. Energie kann nur gewandelt werden, zum Bespiel in Wärme oder Materie. Ihre Gedanken sind Energie und haben die Eigenschaft, sich zu materialisieren. Wir denken übrigens rund 20 000 bis 50 000 Gedanken am Tag. *Die Richtung, Intensität und Qualität unserer Gedanken entscheidet letztlich darüber, wie unser Leben verläuft.*

Unsere Gedanken beeinflussen unsere

➤ Gefühle

➤ Aufmerksamkeit

➤ Körpersprache

➤ Stoffwechselabläufe

➤ Ausstrahlung

➤ Entscheidungen

➤ Handlungen

➤ Reaktionen

➤ Wortwahl

➤ Motivation

➤ Gewohnheiten

➤ ...

Eine alte Weisheit bringt die Bedeutung unserer Gedanken sehr schön auf den Punkt:

Säe einen Gedanken und du erntest eine Tat.

Säe eine Tat und du erntest eine Gewohnheit.

Säe eine Gewohnheit und du erntest einen Charakter.

Säe einen Charakter und du erntest dein Schicksal!

Wenn Sie also mehr Erfolg und Erfüllung in Ihrem Leben haben möchten, so ändern Sie Ihre Gedanken. Oberstes Gebot ist Gedankendisziplin, denn Sie wissen ja, die Qualität Ihrer Gedanken ist entscheidend für Ihre Lebensqualität. Hier einige Gedanken, die Sie sich einprägen sollten:

Merksätze:

1. Ich übernehme die volle Verantwortung für alles, was mir in meinem Leben widerfährt. Ich suche nicht nach Schuldigen, sondern nach Lösungen. So kann ich stets selbstverantwortlich und proaktiv agieren.

2. Ich werde mir von Tag zu Tag immer klarer darüber, was ich in meinem Leben erleben und erreichen will.

3. Ich bin auch dankbar für Menschen, mit denen ich nicht so einfach klarkomme. Es gibt nur Freunde und Lehrer im Leben. Ich mache mir bewusst, was ich gerade von meinen „Lehrern" Wichtiges für mein Leben lernen kann.

4. Ich beschäftige mich nur noch mit Gedanken über Dinge, die ich möchte. Denn ich weiß, dass ich alles, worauf ich meine Aufmerksamkeit lenke, in mein Leben ziehe.

5. Ich mache mir stets bewusst, dass es für jedes meiner Probleme auch immer eine passende Lösung gibt.

6. Aus jedem scheinbaren Nachteil kann ich einen Vorteil machen.

7. Ich schenke jedem Menschen, der mir in die Augen schaut, ein freundliches Lächeln.

8. Ich bin entweder konzentriert bei der Sache oder ich lasse es. Halbheiten passen nicht mehr zu mir.

Meine Erfolgsaufgaben für den 4. Tag

1. Heute nehme ich mir (eventuell über den Tag verteilt) mindestens 25 Minuten Zeit, um folgende Aufgaben schriftlich zu bearbeiten:

52

Was bedeutet für mich konkret wahrer beruflicher und privater Erfolg?

. . . .

. . . .

. . . .

. . . .

. . . .

Warum habe ich es verdient, das, was ich unter wahrem Erfolg verstehe, auch zu bekommen (nennen Sie bitte mindestens fünf Gründe!)?

a) . . . .

. . . .

b) . . . .

. . . .

c) . . . .

. . . .

d) . . . .

. . . .

e) . . . .

. . . .

Was war mir heute besonders wichtig und was lerne ich daraus?

. . . .

. . . .

. . . .

. . . .

. . . .

2. Ich kopiere die acht Merksätze von Seite 52 und hänge diese Kopie an einen Platz, an dem ich immer wieder die Möglichkeit habe, mir die einzelnen Punkte einzuprägen (z. B. Computerbildschirm).

3. Ich lese am Abend den Text dieses Kapitels nochmals in Ruhe durch und frage mich, was derzeit für mich besonders wichtig ist.

4. Ich setzte mir einen festen Termin, wann ich morgen die nächste Coaching-Einheit durcharbeite:

   . . . .

5. Vor dem Einschlafen nehme ich mir wieder Zeit, mein wichtigstes Ziel zu visualisieren und überlege, ob es wirklich zu mir passt. Wenn ich mir nicht ganz sicher bin, optimiere ich mein Ziel nochmals.

Erfolgskontrolle: Alles erledigt? ❏ Ja ❏ Nein

> **Es gibt eine Eigenschaft, ohne die man nicht gewinnen kann: Zielorientierung, das Wissen, was man will, und ein brennendes Verlangen, es zu erreichen.**
>
> *Napoleon Hill*

5. Tag: Werden Sie ein exzellenter Verkäufer

Fragt man durchschnittliche Mitarbeiter, zu wieviel Prozent sie sich bei ihrer Arbeit engagieren, so kommt bei den meisten ein Wert zwischen 80 und 100 Prozent als Antwort. Stellt man den Weltmeistern dieselbe Frage, so bekommen wir oft „110 Prozent" zu hören. Theoretisch ist dies natürlich nicht möglich, aber wir alle wissen, wie Menschen über sich selbst hinauswachsen können, wenn es sein muss oder wenn man etwas wirklich erreichen will. Ein Weltmeister im Gewichtheben wurde einmal gefragt: „Wenn Sie zehn Wiederholungen bei Ihrem Hanteltraining machen, welche der zehn Wiederholungen ist da die wichtigste?" Er antwortete kurz: „Die Elfte!"

Dieser in der Theorie relativ klein erscheinende Unterschied ist im Ergebnis enorm. Wenn Sie langfristig nur zehn Prozent mehr effektive Zeit und Energie in Ihre Aufgabe investieren, dann werden Sie mit absoluter Sicherheit viel mehr als diese zehn Prozent zurückbekommen!

Menschen, die zehn Prozent mehr als der Durchschnitt leisten, sind um 50 oder sogar um 100 Prozent erfolgreicher als die Masse.

Bodo Schäfer

Oft beträgt der Unterschied zwischen Mittelmaß und außergewöhnlicher Leistung nur wenige Prozent. Dieser geringe Unterschied kann über Mittelmaß oder Weltklasse entscheiden. Gerade im Kontakt mit dem Kunden kann *der* eine Anruf mehr den entscheidenden Unterschied zwischen Alles oder Nichts ausmachen.

Einführung zur 5. Coachingaufgabe

Meiner Erfahrung nach gibt es deshalb so wenige exzellente Verkäufer, weil es an der richtigen Mischung zwischen motivierenden Zielen und effektivem Engagement mangelt. Je nach Ausprägung können sechs Kategorien von Verkäufern unterschieden werden:

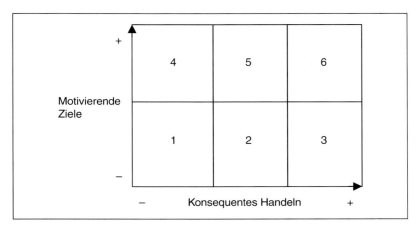

Abbildung 3: Erfolgsportfolio

1. Im ersten Feld sind die Verkäufer, die keine motivierenden Ziele haben und sich auch kaum engagieren. Das Ergebnis ist entsprechend. Diese Mitarbeiter stellen eine echte Herausforderung für jede Führungskraft dar. In der Selbständigkeit wäre die Pleite vorprogrammiert. Wenn man diese Verkäufer fragt, warum sich der Erfolg nicht einstellt, so kommen meist gut klingende Ausreden (siehe auch 4. Coachingtag). Es sind in der Regel Menschen, die keine Selbstverantwortung für ihr Leben übernehmen möchten.

2. Im zweiten Feld sind die typischen grauen Mäuse. Sie setzen sich nach Vorschrift ein, aber eben auch nicht mehr. Häufig fehlt die Motivation für den entscheidenden Schritt. Zum Bei-

spiel fehlt ihnen der „Biss", im Zweifelsfall den Kunden doch noch einmal anzurufen. Dadurch gehen ihnen immer wieder Aufträge verloren. Sie lassen sich leicht von außen beeinflussen, da es an eigenen Zielen mangelt. Werden sie von anderen motiviert, so hält die Motivation nur kurz an, danach fallen sie wieder in ihre Routine. So arbeiten sie meist mit mäßigem Erfolg für die Ziele anderer.

3. Im dritten Feld sind die „Arbeitstiere", die sich stark einbringen, aber wegen fehlender Zielklarheit keine effektiven Prioritäten setzen können. Sie sind wie der Hamster im Rädchen. So werden beispielsweise viele Angebote geschrieben, aber nicht rechtzeitig nachgefasst. Da sie häufig nicht „nein" sagen können, nehmen sie immer wieder Arbeiten auf sich, die letztlich keinen Umsatz bringen. Oft verlieren sie den Blick fürs Wesentliche. Sie sind unzufrieden, weil sie für ihren Arbeitseinsatz zu wenig Spaß und Erfolg haben. Sie vernachlässigen andere Lebensbereiche, was häufig zu Konflikten führt. Gesundheitliche und/oder seelische Probleme sind fast immer die Folge.

4. Im vierten Feld sind die Erfolgstheoretiker vertreten. Sie wissen, was sie tun wollen, machen es aber nicht. Es fehlt ihnen an Mut und Entscheidungsfreude. Wenn sie Glück haben, gelingt es ihnen, Führungskraft zu werden, dann finden sie vielleicht tüchtige Mitarbeiter, die ihre Ziele zu ihren eigenen machen. Als Verkäufer bleibt es in der Regel beim ersten guten Eindruck, die Nachhaltigkeit fehlt leider. Auch diese Verkäufer geben die Verantwortung für ihre Situation oft an die Umstände ab. „Die Rahmenbedingungen sind zu schlecht, es fehlen Sicherheiten", wird man von ihnen hören. Sie sind übrigens auch diejenigen, die ihre Führungskräfte am meisten enttäuschen.

5. Im fünften Feld sind die smarten Verkäufer angesiedelt. Diese Menschen wissen genau, was sie wollen, und setzen sich auch dafür ein. Aber es gibt kaum einen Tag mit mehr als acht Stunden Arbeit. Oft sind es ältere Vollprofis, die nach wie vor

ganz oben in den Umsatzlisten stehen, die jedoch neben ihren beruflichen Zielen immer mehr auch andere Dinge im Leben reizvoll finden und sich dafür entsprechend Zeit nehmen. Vorsicht, junge Verkäufer können von solchen „alten Füchsen" oft ein falsches Bild vom Arbeitsaufwand für den Aufbau einer Existenz bekommen! Sie vergessen, dass diese erfahrenen Verkäufer oft Jahrzehnte überdurchschnittlich viel Zeit in den Aufbau ihres Beziehungsnetzwerks investiert haben.

6. Im sechsten Feld befindet sich die kleine Gruppe der exzellenten 110-Prozent-Verkäufer. Es sind die absoluten Topverkäufer, die sich einfach nicht „bremsen" können. Meist beseelt von einem starken Leitbild, bewegt diese kleine Minderheit mehr als alle anderen Verkäufer. Interessant für mich ist die Erfahrung, dass diese Verkäufer vor allem *qualitative Ziele* verfolgen (hierzu später mehr), die dann auch zu überragenden quantitativen Ergebnissen führen! Diese Menschen erleben in ihrer Arbeit ein Lebensgefühl, welches Psychologen als „Flow" bezeichnen. Anders ausgedrückt, könnte man diesen Zustand auch als „Leistungseuphorie" umschreiben. Es ist ein Zustand von höchster Konzentration und zugleich Inspiration, der zu überragenden Ergebnissen führt. In diesem Zustand erlebt der Mensch, was es heißt, völlig im Hier und Jetzt zu sein.

Wie sieht es bei Ihnen aus, haben Sie bereits alle inneren „Bremsen" in Form von Zweifeln, Ängsten und sonstigen Widerständen gelöst? Vorsicht, belügen Sie sich bitte nicht selbst, wenn es um das 6. Feld geht! Oft höre ich von jungen Verkäufern in meinen Trainings: „Mir würde es schon reichen, wenn ich vom 2. Feld in das 5. Feld kommen würde!" Was in Gottes Namen spricht denn wirklich gegen das 6. Feld? Erst wenn Sie es ausprobiert haben, können Sie beurteilen, ob es wirklich „nur" das 5. Feld sein soll! Wenn Sie sich nicht sicher sind, bereits im 6. Feld zu agieren, dann kann ich Ihnen nur empfehlen, die heutigen Coaching-Aufgaben besonders wichtig zu nehmen. Sie haben sich am 3. Coachingtag ein motivierendes Ziel gesetzt, nun geht es darum, konsequent zu handeln!

Begeisterung und lodernde Leidenschaft sind der beste Brennstoff für Ihr Handeln!

Meine Erfolgsaufgaben für den 5. Tag

1. Heute nehme ich mir noch in der ersten Tageshälfte ca. 20 Minuten Zeit, um folgende Aufgaben schriftlich zu bearbeiten:

   In welchem der sechs Felder sehe ich mich als Verkäufer und warum sehe ich mich dort?

   . . . .
   . . . .
   . . . .

   Wo möchte ich in Zukunft stehen und warum möchte ich dort stehen?

   . . . .
   . . . .
   . . . .

   Was werde ich heute alles zusätzlich zu meinem normalen Tag tun, um mir selbst zu beweisen: Ich habe es verdient, überdurchschnittlich erfolgreich zu sein.

   . . . .
   . . . .
   . . . .

Für welche Dinge sollte ich ab sofort weniger Zeit verwenden?

. . . .

. . . .

. . . .

Mehr Erfolge bringen mehr Energie – mehr zielgerichtete Energie bringt mehr Erfolge!

2. Am Ende des Tages beantworte ich schriftlich folgende Fragen:

Was habe ich heute überdurchschnittlich gut gemacht?

. . . .

. . . .

. . . .

Was gelang mir heute weniger gut und was lerne ich daraus?

. . . .

. . . .

. . . .

Wo kann ich in Zukunft noch stärker werden, was bedeutet dies für mich konkret?

. . . .

. . . .

. . . .

Wie sieht mein 110-Prozent-Tagesplan für morgen aus? Was werde ich über das „Normale" hinaus tun?

. . . .
. . . .
. . . .

Wofür kann ich unabhängig von meinen Erfolgen dankbar sein?

. . . .
. . . .
. . . .

3. Vor dem Einschlafen visualisiere ich mindestens fünf Minuten mein derzeit wichtigstes Ziel vor meinem geistigen Auge!

Erfolgskontrolle: Alles erledigt? ❏ Ja ❏ Nein

☛ **Wichtig:**

Haben Sie während der letzten fünf Tage konsequent an Ihrem Coachingprozess gearbeitet? Wenn ja, herzlichen Glückwunsch, Sie können wirklich stolz auf sich sein! Sie haben es geschafft, die Macht der Gewohnheit zu durchbrechen. Dies ist der wichtigste Punkt für mehr Erfolg und Erfüllung im Leben. Damit gehören Sie (im positivsten Sinne) zu einer absoluten Minderheit.

Wenn nein, dann fragen Sie sich lieber noch einmal: Meine ich es wirklich ernst mit meinem Anspruch, immer besser werden zu wollen? Wenn dann ein klares „Ja" kommt, gehen Sie auf die Coachingaufgabe „Bei einem Stimmungstief" auf Seite 194, vielleicht helfen Ihnen diese Punkte jetzt weiter.

6. Tag: Die 5-A-Regel: Angenehm anders als alle Anderen

In Zeiten, in denen sich Produkte und Dienstleistungen immer mehr angleichen, ist der Mensch in steigendem Maße *der* Erfolgsfaktor. Dies ist natürlich nicht die neueste Erkenntnis, aber die Frage ist: Wer zieht daraus im Verkauf wirklich seine ernsthaften Konsequenzen? Einer meiner Verkaufstrainerkollegen sagte mir kürzlich etwa folgendes: Viele der Verkäufer, die ich bisher coachen durfte, waren im Kundenkontakt – verglichen mit den wirklich überragenden – zu wenig *angenehm anders*. Oder noch deutlicher ausgedrückt: zu normal und damit – aus der Sicht des Kunden – relativ leicht austauschbar.

☛ **Wichtig:**

Es geht hier nicht um fragwürdige Banalitäten, wie die bunte Krawatte, Schmuck oder den originellen Haarschnitt. Es geht vielmehr um den angenehm anderen Gesamteindruck, den die positiven Charakterverkäufer beim Kunden hinterlassen.

Verstärken Sie Ihre Individualität, Ihr Selbstbewusstsein, die Fähigkeit, andere zu begeistern, und Ihr Interesse am Kunden und dessen Bedürfnissen. Dies führt dann beispielsweise dazu, dass der Kunde Sie stärker respektiert und der Preis eine geringere Rolle spielt. Als 5-A-Regel-Verkäufer werden Sie öfter als andere Verkäufer höflich mit Ihrem Namen angesprochen, Sie sind für den Kunden eine überzeugende Persönlichkeit. Der Kunde hat ein gutes Gefühl, bei Ihnen zu kaufen. Dadurch werden Sie deutlich mehr Empfehlungen von Ihren Gesprächspartnern und Kunden bekommen. In der Summe ist dies ein großer Erfolgsfaktor, der Ihnen nicht nur mehr Umsatz und innere Zufriedenheit bringt, sondern auch Ihren Marktwert in der Branche steigen lässt. Aber dies setzt natürlich voraus, dass Sie bereit sind, aus Ihrer Komfortzone zu treten und an Ihrer Persönlichkeit zu arbeiten. Denn auch hier gilt: Wer im Äußeren eine andere, stärkere Wirkung erzielen möchte, braucht entsprechende innere Ursachen.

Verkäufer sollten sich nicht nur als ein Teil ihres Angebots sehen, sondern als das Angebot selbst.

Einführung zur 6. Coachingaufgabe

Ich kann mich auch nach über zwanzig Jahren noch an einen Mercedes-Verkäufer erinnern, der mich ohne Voranmeldung in meinem Büro besuchte. Er stellte sich kurz vor und fragte mit einem gewinnenden Lächeln, ob ich denn fünf Minuten Zeit für ein kurzes Gespräch hätte. Allein die Tatsache, dass ein Mercedes-Verkäufer auf Neukundenakquise ging, verblüffte mich. Ich fragte, worum es ginge, willigte ein und aus den fünf Minuten wurde ein etwa 20-minütiges interessantes Gespräch. Ganz ehrlich, wenn ich mir nicht kurz davor einen neuen BMW gekauft hätte, wäre ich zu einer Probefahrt bereit gewesen. Zwei Jahre später wollte ich mir dann tatsächlich einen Mercedes kaufen. Als ich versuchte, wieder mit ihm Kontakt aufzunehmen, erfuhr ich von einem seiner Exkollegen, dass dieser Verkäufer seit einigen Monaten Geschäftsführer eines Autohauses in einer anderen Stadt war.

Was war an diesem Mann so besonders, dass er mit seinem Auftreten einen so nachhaltigen Eindruck auf mich und scheinbar auch auf andere machte?

1. Er strahlte starke Selbstsicherheit, Kompetenz und gute Laune aus. Ich hatte das Gefühl, ihm machte sein Job wirklich Spaß und es sei das natürlichste der Welt, Jungunternehmern einen Mercedes zu verkaufen. *Wie stark strahlen Sie inzwischen Begeisterung bei Ihrer Aufgabe aus?*

2. Er stellte sich mir sehr persönlich vor, das heißt, er öffnete sich mir in einer Art (Wohnort, Alter, Berufserfahrung), wie es die meisten anderen Verkäufer nicht tun. Dadurch hatte ich sofort das Gefühl, in erster Linie mit einem Menschen zu sprechen und nicht mit einem dieser Verkaufsroboter, die nur meine Unterschrift wollen. Wie stellen Sie sich einem neuen Kunden vor? Bleibt es nur bei Ihrem Namen oder verraten Sie vielleicht auch noch das eine oder andere Wissenswerte über sich und Ihr Aufgabenfeld? Übrigens, er gab mir seine Visitenkarte gleich zu Beginn des Gesprächs, so konnte ich mir seinen Namen besser einprägen! Sie kennen wahrscheinlich den Spruch: *„Es gibt nur eine Chance, einen guten ersten Eindruck zu machen."* Jeder Kunde macht sich beim ersten Kennenlernen ein Bild von Ihnen. Je weniger er von Ihnen erfährt, desto größer ist die Gefahr, dass er sich ein Bild von Ihnen ausmalt, das nicht korrekt und damit eventuell negativ ist.

3. Er gab mir das Gefühl, dass er sich ehrlich für mich interessiert. Er stellte offene Fragen, das heißt, ich konnte nicht nur mit „ja" oder „nein" antworten, wodurch er auch sehr viel über mich und meine Vorstellungen von einem guten Auto erfuhr. Da er gleich zu Beginn selbst recht offen war, fühlte ich mich nicht ausgefragt. So ermittelte er genauestens meinen Bedarf. *Wie sieht es mit Ihrer Bedarfsermittlung aus?* Die meisten Verkäufer, die ich gecoacht habe, sind viel zu schnell über eine gründliche Bedarfsermittlung hinweggegangen. So wird immer wieder viel kostbare Verkaufszeit und Energie nicht zielgerichtet eingesetzt, weil der Kunde nicht das angeboten bekommt, was er möchte. Dies könnte man auch „Geburtstagsgeschenk-Effekt" nennen: Jeder kauft als Geschenk doch am liebsten das, was ihm selbst am besten gefällt. Aber was nützt dem Eskimo der beste Kühlschrank?

4. Erst nachdem er meine Vorlieben kannte, sprach er voller Begeisterung über die Autos seiner Marke und deren Vorzüge, die für meine Bedürfnisse relevant waren. Dieser Begeisterung konnte ich mich kaum entziehen, sie wirkte sehr anste-

ckend! *Wie ist es bei Ihren letzten Verkaufsgesprächen gewesen?* Haben Ihre Augen gefunkelt, als Sie über Ihr(e) Produkt(e) sprachen, oder vermittelten Sie Ihrem Kunden den Eindruck: „Dieses Produkt ist nicht schlecht, aber auch nicht wirklich überragend?" *Was erzählen Sie Ihren Kunden? Alles, was für Sie wichtig ist, oder das, was den Kunden wirklich interessiert?*

Sicher, dieser Verkäufer hat nichts wirklich sensationell anderes gemacht als das, was in vielen Verkaufstrainings und Büchern seit langer Zeit immer wieder vermittelt wird. Aber, Hand auf's Herz: Wieviele der Verkäufer praktizieren diese scheinbaren „Kleinigkeiten" in voller Konsequenz? *Seien Sie also angenehm anders als alle Anderen,* indem Sie auf diese Dinge achten und jeden Tag noch besser werden. So werden sich Ihre Kunden vielleicht auch nach über zwölf Jahren noch gerne an Sie erinnern!

☞ **Merke:**
Spitzenleistungen lassen sich vor allem aus einem Zustand der Freude, Begeisterung und Hingabe erzielen.

Meine Erfolgsaufgaben für den 6. Tag

1. Ich nehme mir noch am Vormittag ca. 15 Minuten Zeit und notiere mir mindestens 10 Punkte zu folgenden Fragen:

   Was begeistert mich an meinen Produkten/Dienstleistungen und an meiner Firma?

   a) . . . .
   b) . . . .
   c) . . . .
   d) . . . .
   e) . . . .

f) . . . .

g) . . . .

h) . . . .

i) . . . .

j) . . . .

Welchen Nutzen haben meine Kunden konkret von jedem der obigen Punkte?

zu a) . . . .

zu b) . . . .

zu c) . . . .

zu d) . . . .

zu e) . . . .

zu f) . . . .

zu g) . . . .

zu h) . . . .

zu i) . . . .

zu j) . . . .

Wie kann ich meinen Kunden diesen Nutzen in Zukunft mit noch mehr Begeisterung vermitteln?

. . . .

. . . .

. . . .

Welche Note (1 bis 6) gebe ich mir bei dem Thema, *angenehm anders als alle Anderen* zu sein und warum?

. . . .

. . . .

. . . .

Was kann ich heute und in Zukunft tun, um *angenehm anders als alle Anderen* zu sein?

. . . .
. . . .
. . . .

Warum bin ich von mir als Verkäufer begeistert?

. . . .
. . . .
. . . .

2. Am Abend lese ich mir das heutige Coachingthema noch einmal in Ruhe durch und beantworte schriftlich folgende Fragen:

Welche Note für *angenehm anders als alle Anderen* sein gebe ich mir heute und warum?

. . . .
. . . .
. . . .

Wie kann ich in diesem Thema noch stärker werden? Was werde ich an meinem Verhalten, an meiner Präsentation und an meiner Einstellung konkret verändern?

. . . .
. . . .
. . . .

Was waren heute meine Spaß- und Erfolgserlebnisse und was lerne ich daraus?

. . . .

. . . .

. . . .

Wofür kann ich heute dankbar sein?

. . . .

. . . .

. . . .

Erfolgskontrolle: Alles erledigt? ❏ Ja ❏ Nein

Wenn ja, bravo! Sie gehören damit zu denjenigen, die es mit ihrem Erfolg wirklich ernst meinen. Seien Sie sich sicher, die Zeit und Energie, die Sie für dieses Coachingprogramm investieren, ist wie ein Brennglas: Es bündelt Ihre Energie auf die erfolgsentscheidenden Punkte.

Wenn nein, gehen Sie entweder nochmals auf den ersten Tag zur Selbstverpflichtung, oder verschenken Sie dieses Buch an jemanden, der es im Augenblick besser nutzen wird als Sie. Denn Sie wissen ja: Nicht gelebtes Wissen ist reiner Ballast!

> **Gewinner werden nicht geboren, sondern gemacht – und zwar hauptsächlich von sich selbst!**

7. Tag: Steigern Sie Ihren Erfolg durch Paradigmenwechsel

Jeder Mensch nimmt die Welt subjektiv wahr. Diese individuelle Sichtweise bestimmt sein Verhalten. Der Grund, weshalb beispielsweise zwei Verkäufer ein und dieselbe Verkaufssituation völlig unterschiedlich einschätzen, hängt vor allem von ihren bisherigen Erfahrungen ab. Daraus entwickeln sich bestimmte „Vorannahmen" oder, anders ausgedrückt, Paradigmen. Stellen Sie sich bitte zwei Autoverkäufer vor: Der eine, Hans Pech, hat bereits mit zwei Kunden, die von Beruf Lehrer waren, negative Erfahrungen im Verkauf gemacht. Der andere, Robert Glück, hat bereits mit einem Lehrer ein schönes Geschäft gemacht. Beide sitzen sich gerade in ihrem Büro gegenüber, als die Sekretärin ins Büro kommt und fragt: „Da draußen steht Herr Oberstudienrat Weber. Er interessiert sich für einen Neuwagen, wer möchte ihn bedienen?"

Wir sehen die Welt nicht so, wie sie ist, sondern so, wie wir selbst sind.

Steven Covey

Könnte es sein, dass Hans Pech sofort an seine negativen Erlebnisse mit Lehrern denkt und deshalb höflich Herrn Robert Glück den Vortritt lässt? Wenn dann Robert Glück entgegen Hans Pechs Erwartungen erfolgreich war, wird er vielleicht denken: „Also der Glück, der kann es mit Lehrern, für mich sind diese Typen nichts!" Sollte Robert Glück kein Auto verkauft haben, wird er sich sagen: „Ich habe ja gleich gewusst, mit Lehrern kann man keine Geschäfte machen. Die stehlen einem nur die Zeit!" Robert Glück hingegen wird sich wahrscheinlich denken: „Toll, ein Lehrer! Schön, dass mir der Pech den Vortritt lässt!" An diesem einfachen Beispiel wird klar, welchen Einfluss negative Vorannahmen auf unsere Aufmerksamkeit, unser Verhalten und unsere Reaktionen auf die verschiedensten Situationen haben. Wer seine negativen Paradigmen nicht kennt, ist in den entsprechenden Bereichen buchstäblich erfolgsblind!

Einführung zur 7. Coachingaufgabe

Bereits im frühen Kindesalter entwickeln wir eine Vielzahl von Paradigmen. Schließlich versuchen wir, uns in der Welt zurechtzufinden. Dieses „Zurechtfinden" könnten wir uns als den Versuch vorstellen, Bilder von vielen uns neuen Gegenden zu erstellen. Diese Bilder sind mehr oder weniger lückenhafte Abbildungen dessen, was wir wahrgenommen haben. Diese vielen geistigen „Fotos" werden in unserem Gehirn so zusammengesetzt, dass sie für uns logisch sind. Das Ergebnis ist unsere Vorstellung von der Welt, sind unsere Paradigmen, die unsere Sichtweisen und Handlungen bestimmen. Ein Paradigma kann mit einer Landkarte verglichen werden: Je identischer diese mit der Realität ist, desto besser finden wir uns logischerweise in der jeweiligen Gegend zurecht. Als Vergleich können Sie sich eine Ihnen unbekannte Insel vorstellen. Je genauer das Kartenmaterial für diese Insel ist, desto besser können Sie sich auf dieser Insel zurechtfinden. Wie groß die Chance ist, sich ein objektives Bild von der Realität zu machen, zeigt die nachfolgende Denksportaufgabe.

Wie viele Quadrate sehen Sie hier?

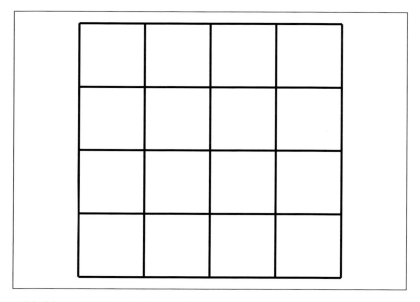

Abbildung 4: Das Suchquadrat

Auf den ersten Blick sehen Sie vielleicht nur 16 kleine und ein großes, also 17 Quadrate. Sobald Sie Ihre Wahrnehmung verändern, kommen plötzlich noch einige hinzu, die Sie auf den ersten Blick nicht wahrgenommen hatten (die Auflösung finden Sie auf Seite 73). Die Wissenschaft geht heute davon aus, dass unsere bewusste Wahrnehmung einem Laserpointer in einem völlig dunklen Raum gleicht. Wir nehmen mit unseren fünf Sinnen nur etwa ein Prozent bewusst war! Seien Sie also in Zukunft auch etwas vorsichtiger mit vorschnellen Annahmen in Bezug auf Menschen. Nur zu oft projizieren wir in Menschen negative Eigenschaften, nur weil wir den anderen nicht attraktiv finden oder dieser uns an eine bekannte, uns unsympathische Person erinnert.

Sicherlich kennen Sie den Ausdruck „sich selbst erfüllende Prophezeiung". Dieses Phänomen wurde in den letzten Jahrzehnten von vielen Wissenschaftlern intensiv untersucht. Die Ergebnisse dieser Studien sind immer wieder verblüffend. In der Mitarbeiterführung, in Schule, Wissenschaft oder bei der Wahl des Partners finden sich oft sehr ähnliche Muster.

Beispiel:

In der Pharmabranche ist es üblich, neue Medikamente in so genannten Doppelblindstudien auf deren Verträglichkeit und Wirkung zu testen. Einem Teil der Probanden werden hier Placebos, also absolut wirkungslose Substanzen, verabreicht. Da die Probanden dies nicht wissen, sondern von einer wirksamen Substanz ausgehen, kommt es je nach Art der Verabreichung (Spritzen haben die stärkste Placebowirkung) bei bis zu 50 Prozent dieser Personen zu den gleichen Auswirkungen wie bei denjenigen, welche die wirksamen Medikamente erhielten. Selbst die angegebenen Nebenwirkungen stellen sich teilweise bei den Probanden mit Placebos ein.

Wie lassen sich diese Erkenntnisse auf den Verkauf übertragen? Ganz einfach, die Chance, dass Sie zu 100 Prozent über zielführende Paradigmen verfügen, ist gleich null. Jeder Mensch hat Überzeugungen, die ihm das Leben schwerer machen, als es unbedingt sein muss. Aussagen wie „Bei dem Konkurrenzangebot hatte ich keine Chance mehr!" oder: „Bei Kunden, die bereits alles haben, macht es keinen Sinn, ein Angebot zu unterbreiten!" oder: „Während der Fußball-WM wird es sicherlich wieder sehr schwer mit den Terminen!" handelt es sich um Aussagen, die auf bestimmten Paradigmen beruhen. Solche Paradigmen lenken unsere Einstellung und Aufmerksamkeit oft in die falsche Richtung. Wir sehen also viele Dinge aus einer Sicht, die uns nicht weiter bringt. Wenn dem so ist, ist es zweckmäßig, dass Sie sich die Paradigmen, die für Ihren Verkaufserfolg entscheidend sind, bewusst machen und diese optimieren!

Ein junger Verkäufer im Versicherungsaußendienst hatte beispielsweise das Paradigma: „Junge Verkäufer können an ältere Kunden wegen mangelnder Akzeptanz einfach nicht so viel und leicht verkaufen wie die älteren Berufskollegen!" Dieses Paradigma wurde für ihn natürlich zur sich selbst erfüllenden Prophezeiung! Er verhielt sich bei älteren Kunden sichtlich unsicher. Bei dem Versuch, durch sein Fachwissen von seinem Alter abzulenken, wirkte er in seinen Verkaufsgesprächen mit älteren Personen kühl und distanziert. Als er dies erkannte, änderte er seine Überzeugung und suchte nach Gründen, warum das Gegenteil genauso richtig sein kann. Danach änderte er umgehend seine Art, sich bei dieser Kundengruppe zu präsentieren. Ein wichtiger Punkt war, sich mehr Zeit für die Senioren zu nehmen und ihre Leistungen ehrlich zu würdigen. Fortan hatte er damit auch bei der älteren Kundschaft großen Erfolg.

Das Ergründen und Verändern von Paradigmen ist also Arbeit an der eigenen Persönlichkeit im besten Sinne. Der Lohn dieser Persönlichkeitsarbeit ist mehr innere Freiheit durch differenzierte Wahlmöglichkeiten in Situationen, in denen Sie sich bisher teilweise „machtlos" fühlten! Dies bringt Ihnen mehr echte Lebensqualität und natürlich auch mehr Umsatz. Wichtig ist hierbei absolute Ehrlichkeit zu sich selbst. Die heutigen Aufgaben sind dabei natürlich nur als Anfang zu verstehen. Aber Sie wissen ja:

Es sind nicht die Dinge an sich, die den Menschen beunruhigen, sondern das, was er über diese denkt.

Epiktet

Auflösung des Bildrätsels von Seite 71: 30 Quadrate!

Meine Erfolgsaufgaben für den 7. Tag

1. Ich nehme mir heute erstens mindestens 35 Minuten Zeit, lese die folgende Ausführung komplett durch und ergänze dann die nachfolgenden Sätze möglichst ausführlich *schriftlich*. Anschließend begründe ich auf einem Blatt Papier, wie ich zu meinen Sichtweisen komme.

    ➤ Ich würde ja gerne mehr Umsatz machen, aber

    . . . .

    . . . .

    ➤ Ich könnte viel mehr verkaufen, wenn ich bessere Rahmenbedingungen hätte, z.B.:

    . . . .

    . . . .

    ➤ Mein „innerer Schweinehund" ist Schuld, dass ich

    . . . .

    . . . .

    ➤ In der heutigen Zeit ist es nicht mehr so leicht wie früher, gute Geschäfte zu machen, weil

    . . . .

    . . . .

    ➤ Wenn ich mir die erfolgreichsten Verkäufer der Branche ansehe, dann denke ich, der Preis, den diese für ihren Erfolg zahlen, ist

    . . . .

    . . . .

➤ Andere Kunden reagieren meistens folgendermaßen auf mich:

. . . .

. . . .

➤ Meine Freunde reagieren meistens folgendermaßen auf mich:

. . . .

. . . .

➤ Um in Zukunft mehr Erfolg zu haben, würde ich gerne Folgendes an meiner Vergangenheit ändern können:

. . . .

. . . .

2. Danach ziehe ich ein selbstkritisches Fazit. Welche Aussagen bringen mich wirklich weiter und welche sind eher hinderlich für mein Weiterkommen? Wie kann ich die hinderlichen Sichtweisen positiv verändern? Was ist der Vorteil für mich?

Beispiel: *Mein „innerer Schweinehund" ist Schuld, dass ich nicht genug neue Kunden akquiriere. Begründung: Ich finde immer etwas Dringlicheres, so habe ich keine Zeit mehr für die wirklich wichtigen Dinge!"*

Mein Fazit: *Ich gebe meinem „inneren Schweinehund" ab sofort keine Macht mehr! Ab sofort werde ich XX Neukunden in der Woche gewinnen. Dafür nehme ich mir jede Woche mindestens XX Stunden Zeit, die ich am Anfang der Woche fest einplane!*

Mein Vorteil: *Ich habe wieder mehr Erfolgserlebnisse und erreiche meine Jahresziele leichter und schneller. Dann kann ich mich auch wieder ohne schlechtes Gewissen meinen Hobbys widmen!*

3. Am Abend beantworte ich folgende Fragen:

   Was waren heute meine wichtigsten Spaß- und Erfolgserlebnisse und was lerne ich daraus?

   . . . .
   . . . .
   . . . .

   Wofür kann ich in meinem Leben dankbar sein?

   . . . .
   . . . .
   . . . .

Erfolgskontrolle: Alles erledigt? ❏ Ja ❏ Nein

☛ **Tipp:**
Manchmal lohnt es sich, mit erfolgreichen Personen über deren Paradigmen zu sprechen, oft bekommt man dadurch interessante Impulse.

8. Tag: Erhöhen Sie Ihr Energiepotenzial

Was hat das Thema Gesundheit in einem Coaching für Verkäufer zu suchen, werden Sie sich jetzt vielleicht fragen. Glauben Sie mir, wer diesem Thema zuwenig Beachtung schenkt, limitiert seinen Erfolg auf Dauer signifikant.

Die Gesundheit ist wie das Salz in der Suppe. Man bemerkt es nur, sobald es fehlt.

Italienische Redensart

Es ist für mich besorgniserregend, wie nachlässig viele Verkäufer (aber natürlich auch die meisten anderen Menschen) mit ihrem Körper umgehen, nach dem Motto: „Was soll's, solange ich keine gesundheitlichen Schäden habe, kann ich schon noch rauchen, trinken und essen, was und wieviel ich will!" Welch verhängnisvoller Irrglaube! Denn wenn der Körper deutliche Warnsignale sendet, (in Form von Bandscheibenvorfall, Herzinfarkt, Krebs etc.), gibt es oft kein wirkliches Zurück zu einem „normalen" Leben mehr!

Gesundheit ist die eine Seite der Medaille, unsere Leistungsfähigkeit, die natürlich bei einer gesunden Lebensweise beträchtlich ansteigt, die andere. Wenn Sie also noch einiges in Ihrem Leben erreichen wollen, sollten Sie Ihr Energieniveau durch eine gesunde Lebensweise weiter erhöhen. Gesund leben, aber mit Lust und Spaß, heißt hier die Devise!

Einführung zur 8. Coachingaufgabe

Stellen Sie sich bitte einen Mann vor, der sich einen Sportwagen mit 300 KW kauft und nicht darauf achtet, was er in den Tank füllt. Er denkt sich: „So ein tolles Auto holt bestimmt aus jedem Treibstoff genug Leistung raus!" Also tankt er einmal Normalbenzin, dann Super und letztlich probiert er es aus Sparsamkeit mit Biodiesel. Was wird wohl mit der Leistungsfähigkeit und Lebensdauer des Motors geschehen?

Eine rhetorische Frage, die Antwort erübrigt sich. An diesem Beispiel wird deutlich, dass ein Motor, der Höchstleistung bringen soll, diese auch nur mit entsprechendem Treibstoff entwickeln kann. Auch Sie haben ein Hochleistungstriebwerk mit enormen Leistungsreserven – Ihren Körper! Dieser Körper ist ein wahres Wunderwerk. Nichts auf dieser Welt, keine Maschine, kein Computer vermag zu leisten, was Ihr Körper in der Summe seiner Vielseitigkeit zu leisten vermag. Der menschliche Körper macht es uns bei entsprechendem Training möglich, sowohl über 100 Meter ohne Sauerstoffgerät in die Tiefe zu tauchen als auch über 100 km ohne Pause zu laufen. Auch unser Gehirn ist zu immensen Denkleistungen fähig, kein Schachcomputer beispielsweise kann den Weltmeister im Schach schlagen. Unser Körper passt sich den widrigsten Umständen wie Kälte oder Hitze an und lässt sich auf fast jede extreme Belastung hin trainieren.

Um körperlich und geistig fit zu sein, sind jedoch gewisse Voraussetzungen notwendig. Im Groben können wir sie in drei Bereiche aufteilen: *gesunde Ernährung, Bewegung und „richtiges"
Denken.* Jetzt wenden Sie vielleicht ein, „aber ich will doch gar keine Weltmeisterschaften mit meinem Körper gewinnen, für meinen beruflichen Erfolg muss ich doch keinen Diätplan aufstellen oder Sporttraining betreiben, oder?" Das ist im Prinzip richtig, nur reden wir hier nicht von irgendeinem kurzfristigen Erfolg, sondern von herausragenden Erfolgen über viele Jahre. Und wir reden über Lebensqualität. Machen Sie sich nichts vor,

wer im Leben viel erreichen will, braucht ein dauerhaft hohes Energieniveau. Um dies zu erreichen, sind die drei genannten Voraussetzungen zu schaffen – auch wenn Sie keine Weltmeisterschaft anstreben.

Zum Thema Gesundheit habe ich für Sie die wichtigsten Erkenntnisse der aktuellen Gesundheitsforschung in Form einer Checkliste zusammengetragen. Wenn Sie sich noch nicht intensiv mit diesem komplexen Thema auseinandergesetzt haben, kann es sein, dass Ihnen der eine oder andere Punkt etwas zu radikal erscheint. Aber:

Auch die längste Reise beginnt mit dem ersten Schritt.

Chinesische Weisheit

Sie müssen Ihr Leben nicht radikal von heute auf morgen ändern, sondern sich die entsprechenden Themen (beispielsweise regelmäßig Sport treiben wie z. B. Joggen) gezielt vornehmen, mit denen es Ihnen sinnvoll erscheint, mehr für Ihren Körper zu tun! Gehen Sie also die folgende Checkliste einmal selbstkritisch durch und beginnen Sie, bei dem für Sie derzeit wichtigsten Bereich, alte (ungesunde) Gewohnheiten ab heute zu durchbrechen. Werden Sie noch leistungsfähiger und gesünder! Hören Sie auf, sich noch länger selbst zu belügen, nach dem Motto: „Ich lebe zwar nicht gesund, aber mir fehlt doch nichts!"

Vor Kurzem erzählte mir ein Seminarteilnehmer von einem erfolgreichen Geschäftsmann, der voller Energie ist, obwohl er nicht besonders gesund lebt. Natürlich geht das, aber nach den Erkenntnissen der aktuellen medizinischen Forschung würde dieser Mensch sicherlich noch mehr und dauerhafter leisten können, wenn er auf seine Fitness achten würde.

Versuchen Sie, zunächst eine Woche lang morgens, vor dem eigentlichen Arbeitsbeginn, leichten Sport zu treiben. Probieren Sie es aus, Ihr Tag wird anders verlaufen, Sie sind frischer, haben bessere Ideen und Ihre Stimmung ist stabiler. Als zweiten Schritt empfehle ich Ihnen, am Morgen in erster Linie frisches Obst zu essen und Wasser oder frisch gepressten Obstsaft zu trinken. Obst wird von Ihrem Körper schnell zu Energie verwandelt und Wasser entschlackt. Dies mag vielleicht für manche Menschen extrem klingen, aber ich kenne viele, die es wie ich ausprobiert haben und von der Wirkung begeistert sind. Und auch das berühmte Mittagsloch kann durch einen knackigen Salat (statt Schnitzel mit Pommes) und einen kleinen Spaziergang aus Ihrem Leben verbannt werden.

Mein Gesundheits-Check	Ja	Nein
Ich bin Nichtraucher.		
Alkohol trinke ich nur selten und wenn, dann wenig.		
Ich wache an mindestens vier Tagen in der Woche ohne Weckhilfe auf (bin also ausgeschlafen).		
Ich kann ohne Einschlafhilfen harmonisch einschlafen.		
Ich brauche am Morgen weder Kaffee oder sonstige Wachmacher, um fit zu sein.		
Ich nehme keine Drogen oder Psychopharmaka.		
Ich esse am Morgen frisches Obst.		
Ich trinke im Laufe des Tages ein bis drei Liter Mineralwasser.		
Ich esse mindestens 50 Prozent meiner Nahrung ungekocht (Rohkostsalat, Nüsse, Obst).		
Auf Fleisch kann ich gerne verzichten.		
Ich trinke keine süßen Limonaden (Cola etc.).		
Ich bewege mich täglich mindestens eine halbe Stunde in der Natur.		
Ich sorge für ausreichend Entspannungspausen (zehn Minuten je Stunde) während meiner Arbeitszeit.		

Mein Gesundheits-Check	Ja	Nein
Ich treibe mindestens dreimal in der Woche Ausdauersport, wie leichtes Joggen oder Radfahren.		
Ich esse langsam und mit Genuss.		
Ich meide negative Unterhaltung (z.B. Filme mit brutaler Gewalt oder Katastrophen).		
Ich steigere meine Abwehrkräfte durch Wechselduschen, Sauna oder Vergleichbares.		
Ich höre im Auto aufbauende, harmonische Musik oder motivierende Hörbücher, die mich inspirieren.		
Ich lache oft und gern – auch über mich selbst.		
Ich esse überwiegend Lebensmittel aus kontrolliert biologischem Anbau.		
Ich sorge in meinem privaten und beruflichen Umfeld für Harmonie und gegenseitiges Vertrauen.		
Wenn ich in Badehose vor dem Spiegel stehe, denke ich: „Ich sehe fit und gesund aus!"		
Ich habe meine Fitness vor weniger als 24 Monaten von einem Sportmediziner checken lassen.		

Meine Erfolgsaufgaben für den 8. Tag

1. Heute esse ich mindestens 50 Prozent rohe Nahrungsmittel (z. B. Obstsalat zum Frühstück, Salatteller zum Mittagessen usw.). Tipp: Wenn Sie noch kein vegetarisches Kochbuch haben, kaufen Sie sich gleich heute eins.

2. Ich trinke mindestens eineinhalb Liter gesunde Getränke (stilles Mineralwasser, Apfelsaftschorle, Früchte- oder Kräutertee). Auf Kaffee, Nikotin, schwarzen Tee und Alkohol verzichte ich ganz.

3. Ich bewege mich mindestens 30 Minuten in der freien Natur (z. B. leichtes Joggen oder Walking).

4. Am Ende des Tages mache ich mir ernsthaft darüber Gedanken, was ich ab *sofort* regelmäßig (weiter) für meine Gesundheit tun werde. Diese Gedanken schreibe ich auf:

. . . .

. . . .

. . . .

Mein konkretes Fitness-Ziel lautet:

. . . .

. . . .

. . . .

5. Vor dem Schlafen beantworte ich noch folgende Fragen:

Was waren heute meine wichtigsten Erfahrungen und was lerne ich daraus?

. . . .

. . . .

. . . .

Wem kann ich in meinem Leben dankbar sein?

. . . .

. . . .

. . . .

Erfolgskontrolle: Alles erledigt? ❏ Ja ❏ Nein

Meine Konsequenz daraus?

. . . .

. . . .

Wann nehme ich mir morgen wieder Zeit für mein Coaching?

. . . .

Gesundheit ist zwar nicht alles, aber ohne Gesundheit ist alles nichts.

Volksweisheit

9. Tag: Entwickeln Sie Ihr persönliches Leitbild

Nicht Außergewöhnliches tun, sondern Gewöhnliches außergewöhnlich tun.

Mövenpick Hotels

Viele der erfolgreichsten Menschen und Unternehmen der Welt haben für sich Leitbilder entwickelt. Leitbilder haben den einfachen, aber sinnvollen Zweck, uns in unserem täglichen Handeln positiv zu inspirieren. Ein Leitbild ist wie ein Fixstern am Firmament, der uns stets in die richtige Richtung führt. Der Umgang mit einem persönlichen Leitbild ist einfach und effektiv, wir setzen anstehende Entscheidungen oder Handlungen einfach in Bezug zu unserem Leitbild, welches ein Idealbild unseres eigenen Anspruchs darstellt. Dies ist vor allem in stressigen Situationen und schwierigen Zeiten wichtig. Unbedachtes Verhalten oder unbefriedigende Kompromisse sind selten, wenn wir ein entsprechendes persönliches Leitbild entwickelt und verinnerlicht haben. So hilft es uns, mehr Lebensqualität ins Tagesgeschäft zu bringen. Natürlich wird auch unsere Anziehungskraft für Kunden und Kooperationspartner durch das Anstreben eines sinnvollen Leitbildes spürbar gesteigert. Wie sonst wäre es zu erklären, dass internationale Top-Unternehmen Millionen in die Entwicklung von Leitbildern investieren?

Kundenzufriedenheit ist nahezu nichts wert: Die Welt ist voll von zufriedenen Kunden, die täglich ihre Lieferanten wechseln.

Alexander Christiani

Einführung zur 9. Coachingaufgabe

Alle reden von den gestiegenen Anforderungen, die unsere Zeit mit sich bringt. Immer höhere Umsatzziele bei enger werdenden Märkten und schrumpfenden Gewinnspannen lassen viele Vertriebsmitarbeiter scheinbar an die Grenzen ihrer Belastbarkeit stoßen. Interessant wird es dann für einen Coach, wenn er immer wieder erfolgreiche Vertriebsprofis erlebt, die durch das Erreichen von qualitativen Zielen (z.B. Kundenbegeisterung oder dergleichen), ihre hohen quantitativen Ziele (etwa Umsatzziele) mit scheinbarer Mühelosigkeit, quasi nebenbei, erreichen. Eigentlich ist dieses Phänomen völlig logisch, dennoch beachten sehr viele Verkäufer das dahinter wirkende Prinzip nicht und machen sich dadurch selbst das Leben schwer.

☛ **Merke:**
Verdienen kommt von Dienen.

Je mehr Sie also Ihr Handeln auf ein persönliches Leitbild, welches im Grunde nichts anderes als ein qualitatives kundenorientiertes Ziel ist, ausrichten, desto leichter werden Sie auf Dauer Erfolg haben. Natürlich kann man neben einem beruflichen Leitbild auch für sein Privatleben ein entsprechendes Leitbild entwickeln. Wir wollen uns aber heute auf die berufliche Seite konzentrieren. Hier ein Beispiel, wie ein mögliches Leitbild eines erfolgreichen Versicherungsmaklers aussehen könnte:

„Meine Kunden sind begeistert von mir. Sie erleben mich als überdurchschnittlich kompetent, stets freundlich und vertrauensvoll. Es macht ihnen große Freude, mit mir zusammenzuarbeiten!"

Ein Leitbild kann aber auch kürzer oder länger sein, hier zwei bekannte Werbeslogans, die durchaus auch als Leitbild zu verstehen sind:

„Wenn's ums Geld geht ...!"

„Wir machen den Weg frei!"

Ihr Leitbild muss nicht gleich perfekt sein. Wichtig ist, dass Sie beginnen, sich mit qualitativen Zielen zu beschäftigen.

> **Sie können Ihren Geist zu einem Geldmagneten machen, wenn Sie dieses magische Prinzip durch die Kanäle Ihres Geistes schicken: Sehen Sie sich um und erkennen Sie, wie Sie etwas schaffen können, das anderen Menschen gut tut, etwas, das der Menschheit dient, das Leiden verringert, die Freude erhöht, die Größe steigert, zu höheren Zielen führt, und dann bitten Sie Ihr Unterbewusstes, Sie zu der Arbeit hinzuführen, die Ihnen dazu verhelfen kann, dieses magnetische Ziel zu erreichen. Wenn Sie entdecken, was es ist, können Sie mit Hilfe dieser magnetischen Entdeckung reich und berühmt werden.**

> *Norvell*

Meine Erfolgsaufgaben für den 9. Tag

1. Formulieren Sie heute in einer ruhigen Stunde (tragen Sie bitte jetzt gleich einen entsprechenden Termin in Ihren Terminkalender ein oder tun Sie es jetzt!) Ihr berufliches Leitbild.

   Wichtig bei der Formulierung eines Leitbildes sind folgende Punkte:

   a) Überlegen Sie sich, wie Sie idealerweise von Ihren Kunden gesehen werden möchten. Schreiben Sie es als bereits erreicht, also z. B. „Ich bin ...", „mich erleben ..." oder „ich habe ..." statt „ich will", „ich werde", „ich möchte"!

   b) Orientieren Sie sich an für Sie kraftvollen Werten oder Formulierungen, wie z. B. „Begeisterung", „Vertrauen", „Überzeugung", „herausragend", „langfristige Partnerschaft", „angenehm", „innovativ", „Spaß", „Freude" oder Ähnliches.

c) Schreiben Sie es auf ein Blatt, das Sie sich immer wieder durchlesen können. Gut geeignet ist der Computerbildschirm oder der Terminplaner.

d) Lernen Sie Ihr Leitbild auswendig und verbinden Sie es mit positiven Bildern und Gefühlen, die Sie anspornen. Sehen Sie sich als den, der Sie in Zukunft sein möchten, in einer Idealform. Vielleicht hilft es Ihnen auch, wenn Sie sich an ein besonderes Kompliment eines Kunden erinnern.

e) Lassen Sie sich in den nächsten Tagen von Ihrem Leitbild inspirieren. Fragen Sie sich beispielsweise vor jedem Kundentermin: „Wie sollte ich mich jetzt verhalten, um meinem Leitbild möglichst zu entsprechen?" Wenn Entscheidungen anstehen, fragen Sie sich: „Welche Entscheidung bringt mich meinem Leitbild näher?"

f) Optimieren Sie gegebenenfalls Ihr Leitbild in den nächsten Tagen. Denn es könnte sein, dass Sie noch einige weitere gute Ideen haben. Tipp: Am besten, Sie basteln Sie sich eine Leitbild-Collage (DIN A4 oder DIN A3 mit motivierenden Fotos und Bildern, die den Idealzustand darstellen) von Ihrer beruflichen Vision!

2. Am Ende des Tages verbinden Sie gedanklich in einer entspannten Atmosphäre Ihr persönliches Leitbild mit Ihrem wichtigsten Lebensziel. Nehmen Sie sich ein Blatt und notieren Sie sich Ihre Gedanken zu folgenden Fragen:

➤ Inwiefern unterstützt mein berufliches Leitbild mein derzeit wichtigstes Lebensziel?

. . . .
. . . .
. . . .

➤ Bin ich mit den bisherigen Ergebnissen und meiner Konsequenz in diesem Coachingprozess zufrieden – was ist zu tun?

. . . .
. . . .
. . . .

Erfolgskontrolle: Alles erledigt? ☐ Ja ☐ Nein

Wann nehme ich mir morgen wieder Zeit für mein Selbstcoaching?

. . . .

☛ **Übrigens:**
Gewinner schieben nichts vor sich her, sie tun es entweder so schnell wie möglich (und gewinnen durch diese kleinen Erfolgserlebnisse Energie für die großen Aufgaben), oder sie lassen es sein. Sie treffen also klare Entscheidungen.

10. Tag: Optimieren Sie Ihre Zielkontrolle

Bilder berühren emotional viel stärker als nackte Zahlen. Denn der Bereich des Gehirns, den man der Entstehung von Gefühlen zuordnet, ist unter anderem auch für die Fähigkeit zuständig, bildhafte Vorstellungen zu entwickeln. Motivationsenergie wird also vor allem durch bildhafte Vorstellungen erzeugt.

Ein Bild sagt mehr als tausend Worte!

Volksweisheit

Wir könnten also auch sagen: *Ein Bild motiviert mehr als tausend Worte!* Wenn ich deshalb Verkäufer frage, ob und wie sie ihre Jahresziele als Bilder visualisiert haben, folgt meist nur Schweigen. Wenn Sie aber Ihre Umsatzziele nicht motivierend visualisieren, ist die Gefahr groß, dass es Ihnen wie Paul Normal geht. Paul Normal stöhnt über seine hohen Zielvorgaben und fühlt sich von seiner Firma einfach überfordert! Er verbringt deshalb am Anfang des Jahres viel Zeit damit, sich über die „unrealistischen" Zielvorgaben aufzuregen. Er verdrängt seine Zielvorgaben, dadurch lässt seine Motivation zu wünschen übrig. So arbeitet er (ohne klare Zielvorstellung) einfach in den Tag hinein. Nach einigen Monaten stellt sein Vorgesetzter fest, dass er sein Jahresziel wahrscheinlich kaum mehr erreichen wird. Dadurch sieht er sich glatt bestätigt in seiner Überzeugung, dass die Jahresziele dieses Jahr einfach unrealistisch sind. Die Gründe für sein Versagen sucht er natürlich nicht bei seiner mangelnden Zielorientierung, sondern bei den Umständen!

Damit es Ihnen nicht so ergeht, benötigen Sie ein klares Bild von Ihrem Zielplan. Selbst wenn Ihnen Ihr Ziel recht hoch erscheint, wird es für Sie bei täglicher Betrachtung immer normaler, dieses Ziel Stück für Stück zu erreichen!

Wer sein Ziel kennt, findet den Weg!

Laotse

Dies bedeutet im Klartext: Wenn Sie Ihre Ziele nicht klar vor Augen haben, werden Sie dazu neigen,

➤ vom Tagesgeschäft abgelenkt, in die falsche Richtung zu laufen,

➤ an „schlechten Tagen" nicht schnell genug neue Motivation, die zur Erreichung Ihrer Ziele nötig ist, zu entwickeln.

Einführung zur 10. Coachingaufgabe

Wenn wir schon beim Visualisieren sind, sollten wir gleich professionell an die Sache herangehen und heute den ersten Grundstein für ein bildhaftes und daher gehirngerechtes Controllingsystem (den zweiten Schritt machen wir am nächsten Tag!) legen. Zielkontrolle ist wichtig, weil Sie nicht nur Ihr Ziel vor Augen haben sollten, sondern auch stets wissen müssen, wo Sie aktuell stehen. Andernfalls können Sie Ihre Zeit und Energie nie effektiv einteilen.

Wichtig für alle Zweifler: Ich empfehle Ihnen, nachfolgende Controllingmethoden erst einige Wochen auszuprobieren und dann zu urteilen, ob Sie so etwas benötigen oder nicht. Bisher wollte niemand mehr auf ein hilfreiches Zielkontrollsystem verzichten! Der Grund ist ganz einfach: Jeder Mensch will wissen, wo er steht. Keiner wird beispielsweise auf den Kilometerzähler, Drehzahlmesser oder Bordcomputer seines Autos verzichten wollen. Wir alle sehen diese Funktionen beim Umgang mit unserem Auto als etwas völlig Selbstverständliches an. Ein Verkäufer ohne eigenes Zielkontrollsystem ist wie ein Autofahrer ohne Instrumententafel – Fred Feuerstein lässt grüßen! Wie sieht so ein bildhaftes Zielkontrollsystem für Verkäufer aus?

Es ist immer klüger, in Aktion zu treten und die Vorgehensweise auszuprobieren. Wenn es schief geht, nimm es hin und versuche es erneut. Was aber am wichtigsten ist: Versuche es erneut.

Walter Staples

Meine Erfolgsaufgaben für den 10. Tag

Nehmen Sie sich im Laufe des Tages mindestens eine halbe Stunde Zeit, um Ihr persönliches Zielkontrollsystem aufzustellen.

1. Machen Sie aus Ihrem Jahresziel ein Wochenziel! Sie dividieren Ihr Jahresziel durch 44 (wegen Urlaubszeit, Krankheit etc. haben wir normalerweise keine 52 Wochen Zeit, um unser Jahresziel zu erreichen!). Dies ergibt Ihr Wochenziel.

   Beispiel: 3 Mio. € Umsatz geteilt durch 44 Wochen ergibt ein Wochenziel von ca. 68 000 €. Wochenziele haben sich in der Praxis am besten bewährt. Denn wer erst am Monatsende bemerkt, dass das Monatsziel nicht erreicht wurde, der hat logischerweise erst wieder am darauffolgenden Monatsende die Möglichkeit zu kontrollieren, ob er wieder auf Kurs ist – und dieser Abstand ist zu groß, um schnell handeln zu können. Sollten Sie nicht nur ein Jahresumsatzziel haben, sondern mehrere Ziele (z.B. bei einem Versicherungsagenten die Umsatzziele im Bereich Lebensversicherung, Bausparen etc.), dann gehen Sie für jedes einzelne Ziel entsprechend vor.

   Wie eine einfache Zielkontrolle aussehen kann, zeigt die folgende Grafik. Passen Sie sie gegebenenfalls Ihren Bedürfnissen an. Diese Checkliste können Sie von meiner Homepage downloaden (siehe Seite 229).

Zielkontrolle von .... **Mein Wochenziel** ....

Woche:	Ansprachen/ Termine:	Termine vereinbart:	Verkaufsgespräche durchgeführt:	Abschlüsse:	Empfehlungen/ Cross-Selling:	Ziel erreicht?

Das Fundament des Erfolges ist Selbstdisziplin. Also die Fähigkeit, immer genau das zu tun, was man tun sollte, um seine Ziele zu erreichen. Ob man nun will oder nicht. Wer ein Problem/Ziel genauestens definiert, hat schon die halbe Lösung!

2. Visualisieren Sie Ihr Umsatzziel! Verdeutlichen Sie Ihr Wochenziel durch eine „Soll-Linie" auf einem entsprechendem Diagramm (siehe Abbildung 4), das Sie an einem gut sichtbaren Platz, den Sie täglich aufsuchen, befestigen. Jedes Wochenergebnis tragen Sie von nun an am Wochenende als „Ist-Linie" (also Ihren tatsächlichen Wochenumsatz) ein. Jetzt sehen Sie viel klarer, wo Sie stehen, und dadurch wird natürlich Ihre Motivation viel stärker aktiviert als durch einen Soll-Ist-Vergleich, der nur auf Zahlen basiert. Denn: *Aus den Augen, aus dem Sinn!* Liegt Ihre Ist-Linie über der Soll-Linie, so tut dies Ihrem Selbstbewusstsein gut, getreu dem Motto: *Nichts motiviert mehr als Erfolg!* Wenn Ihre Ist-Linie unter der Soll-Linie läuft, so werden Sie dies sofort ändern wollen.

☛ **Tipp:**
Sie können Ihr Umsatzdiagramm natürlich auch mit einem entsprechendem Computerprogramm entwickeln (z.B. Excel), vergessen Sie dann aber nicht, die Grafiken auch auszudrucken und aufzuhängen!

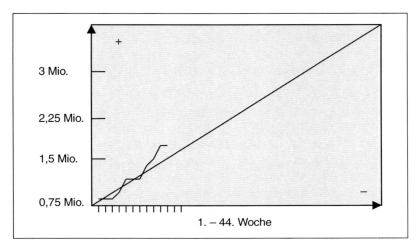

Abbildung 5: Umsatzdiagramm

Ihr Umsatzdiagramm ist der Kilometerzähler Ihres Erfolgs.

3. Am Abend beantworten Sie sich bitte noch folgende Fragen:

Was war heute besonders wichtig für mich und was lerne ich daraus?

. . . .
. . . .
. . . .

Was begeistert mich an mir und warum kann ich auf mich stolz sein?

. . . .
. . . .
. . . .

Wie sieht mein *110-Prozent-Erfolgsplan* für morgen aus?

. . . .
. . . .
. . . .

Erfolgskontrolle: Alles erledigt? ❏ Ja ❏ Nein

Meine Konsequenzen:

. . . .
. . . .
. . . .

11. Tag: Ihr kontinuierlicher Verbesserungsprozess

Sie haben ein Umsatzdiagramm, mit dem Sie Ihre Wochenziele stets im Auge haben? Wenn nicht, dann kommt dieses Kapitel deutlich zu früh für Sie! Wenn ja, können Sie heute einen echten Meilenstein in Richtung Effektivität gehen. Es geht um Ihre Professionalität. Werden Verkäufer gefragt, wie sich ihre Abschluss-, Cross-Selling-Quote oder die Anzahl der Verkaufsgespräche im letzten Jahr entwickelt hat, so bekommt man meist nur sehr vage Aussagen. Die Wahrheit ist: alle wollen ihre Ziele erreichen, aber die eben genannten Ursachen, die für die Zielerreichung nötig sind, werden nicht gezielt kontrolliert und optimiert.

> **Ursache ist alles das, was ohne sie keine Wirkung geben kann und was mit ihr die Wirkung ergeben muss.**
>
> *Charles Bradlaugh*

Ein *k*ontinuierlicher *V*erbesserungs*p*rozess (KVP), wie er in der Industrie mit großem Erfolg seit vielen Jahren Standard ist, wird dadurch nahezu unmöglich! Wenn Sie aber nicht gezielt an Ihrem verkäuferischen Wirkungsgrad arbeiten, bleiben Sie bei den ständig steigenden Anforderungen mittelfristig auf der Strecke!

Einführung zur 11. Coachingaufgabe

Ihre Umsatzzielgrafik ist wie Kilometeranzeiger und Tacho in Ihrem Auto. Die Frage ist aber, mit welcher Drehzahl, in welchem Gang und mit welchem Benzinverbrauch, also Energieaufwand, erreichen Sie Ihre Ziele? Wenn wir diese Ursachen kennen, können wir unsere Effektivität kontrolliert steigern und so beispielsweise mit immer weniger Aufwand immer mehr erreichen. Und dies wünscht sich jeder, aber:

☞ **Merke:**
Was Sie nicht kennen, können Sie auch nicht kontrollieren und gezielt verändern!

Es geht also darum, ein Controllingsystem für die eigene verkäuferische Effektivität zu entwickeln. Sie werden staunen, was solch ein System – falls noch nicht vorhanden – bei Ihnen dauerhaft bewirkt. Jedes Jahr müssen Sie mehr Umsatz erzielen. Dies bedingt sich automatisch durch die jährlich steigenden Zielvorgaben Ihres Unternehmens oder durch Ihre gestiegenen Einkommensvorstellungen.

Viele Verkäufer stöhnen daher jedes Jahr aufs Neue, sie hätten bereits letztes Jahr das Gefühl gehabt, alles zu geben. „Wie soll ich dieses Jahr nochmals zehn Prozent steigern, ich hatte ja letztes Jahr schon großes Glück mit meiner Zielerreichung!" Wer in diesem Denkmuster verhaftet ist, dem ist der Unterschied zwischen Effektivität und Effizienz nicht klar. Es geht nicht darum, immer noch effizienter zu „rackern", um irgendwann vor Erschöpfung liegen zu bleiben, sondern es geht auch um intelligenteres und effektives Vorgehen. Höchste Effektivität wird allerdings nur erreicht, wenn die wichtigsten Einflussfaktoren ständig gemessen und optimiert werden.

> **Ich wüsste nichts, was mehr Mut macht als die Tatsache, dass der Mensch die unbestrittene Fähigkeit hat, sein Leben durch bewusstes Streben auf eine höhere Stufe zu heben.**
>
> *Henry David Thoreau*

Meine Erfolgsaufgaben für den 11. Tag

1. Ich nehme mir mindestens 15 Minuten Zeit, um folgende Fragen zu beantworten und die dazugehörigen Aufgaben zu erledigen:

   Kenne ich meine Erfolgsursachen (Terminquote, Anzahl der Verkaufsgespräche je Woche, Abschlussquote etc.) und deren genaue Entwicklung in den letzen Monaten?

   . . . .

   . . . .

   . . . .

   Wenn nein: Ich arbeite derzeit noch ohne effektives Controlling, somit kann ich keinen effektiven KVP (Kontinuierlichen Verbesserungsprozess) durchführen. Was spricht dafür, dies sofort zu ändern?

   . . . .

   . . . .

   . . . .

   Ich stelle zuerst fest, was meine relevanten Erfolgsursachen sind, die zum Umsatz führen:

   . . . .

   . . . .

   . . . .

Ich führe dann entsprechende Strichlisten, addiere die Summen am Ende der Woche und übertrage diese in meine Erfolgsdiagramme!

Hier eine einfache Strichliste, die als Basis für einen KVP dienen kann:

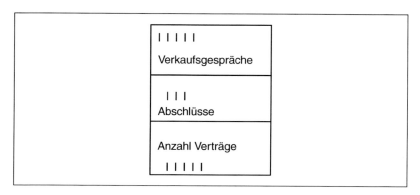

Abbildung 6: KVP-Strichliste

Als Beispiel dienen hier: Anzahl der Verkaufsgespräche, Abschlüsse und abgeschlossene Verträge. Wichtig ist, dass Sie *Ihre* wichtigen erfolgsrelevanten Ursachen als Basis für Ihren KVP finden.

Hier noch einige andere Faktoren als Beispiel:

➤ Telefonate mit Neukunden

➤ Abschlüsse mit Bestandskunden

➤ Abschlüsse mit Neukunden

➤ After-Sales-Gespräche

➤ Erhaltene Empfehlungen

So entsteht innerhalb weniger Wochen Ihr eigener Erfolgs-Chart, damit können Sie Ihre Entwicklung perfekt kontrollieren und steuern. Nachfolgend ein Beispiel einer Erfolgsgrafik für Verkäufer von Finanzdienstleistungen:

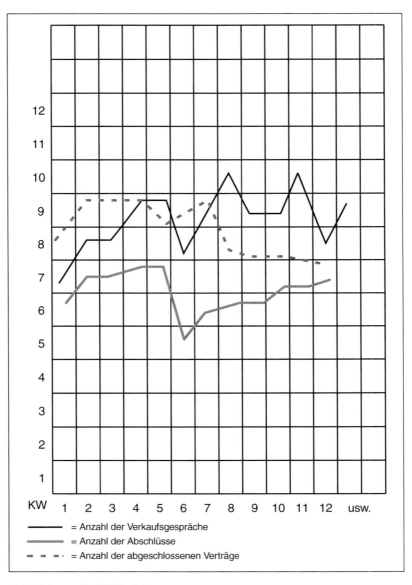

KW 1 2 3 4 5 6 7 8 9 10 11 12 usw.

——— = Anzahl der Verkaufsgespräche
——— = Anzahl der Abschlüsse
- - - - = Anzahl der abgeschlossenen Verträge

Abbildung 7: KVP-Diagramm

100

In diesem Beispiel wird deutlich, dass die Cross-Selling-Quote in den letzten Wochen deutlich schlechter wurde. Der Verkäufer kann durch die Visualisierung des Trends diese Entwicklung sehr schnell erkennen und entsprechende Gegenstrategien entwickeln.

2. Am Ende des Tages ziehe ich schriftlich ein selbstkritisches Fazit der letzten elf Tage:

Welche Note (von 1 bis 6) möchte ich mir bisher für die Umsetzungen des Coachingprozesses geben?

. . . .

Warum?

. . . .
. . . .
. . . .

Was hat mir bisher am meisten gebracht und warum?

. . . .
. . . .
. . . .

Wo hat es in der Umsetzung gemangelt und warum?

. . . .
. . . .
. . . .

Welche Konsequenzen ziehe ich daraus?

. . . .
. . . .
. . . .

Wie sieht mein *110-Prozent-Erfolgsplan* für morgen aus?

. . . .

Erfolgskontrolle: Alles erledigt? ☐ Ja ☐ Nein

☞ **Merke:**
In der Geschäftswelt wird nicht der Beginn, sondern immer das erfolgreiche Beenden einer Unternehmung honoriert!

☞ **Tipp für Führungskräfte:**
Wenn Sie an der zielgerichteten Entwicklung Ihrer Verkäufer interessiert sind, dann sollte jeder Ihrer Mitarbeiter ein Effektivitätsdiagramm führen. Dadurch ist es Ihnen und Ihren Mitarbeitern möglich, den Erfolg und die Nachhaltigkeit von Coaching- und Trainingsmaßnahmen objektiv zu überprüfen.

12. Tag: Werden Sie Ihr Beziehungsmanager

Der Begriff „Netzwerk-Architekt" ist heute aktueller denn je. Beziehungen und gute Kontakte zu den richtigen Personen waren allerdings schon immer wichtig. In Zukunft werden Ihre Kooperationsbereitschaft und Ihre Fähigkeit, positive Kontakte zu Entscheidern aufbauen zu können, noch erfolgsbestimmender.

> **Für alles, was Sie in Ihrem Leben erreichen wollen, brauchen Sie Menschen.**
>
> *Nicolaus B. Enkelmann*

Sicherlich geben Sie mir Recht, wenn ich sage, dass neben Ihrer überdurchschnittlichen Leistung die Qualität Ihres Beziehungsmanagements Ihren beruflichen Erfolg bestimmt. Wenn Menschen in Organisationen schnell die Karriereleiter erklimmen, wird dies von Kollegen, die nicht so schnell vorankommen, oft damit begründet, dass diejenigen eben die besseren Kontakte haben. Dies klingt dann meist so, als ob einem die richtigen Verbindungen zu den entsprechenden Personen entweder in die Wiege gelegt werden oder eben nicht. Irrtum! Jeder kann täglich etwas für die Entwicklung seines persönlichen Beziehungsnetzwerks tun. Aber nur die wenigsten tun es wirklich. Fast alle Menschen, die aktives Beziehungsmanagement betreiben, sind überdurchschnittlich erfolgreich. Andererseits gibt es auch einsame und finanziell erfolglose Genies (z. B. der Maler van Gogh). Wie professionell sind Sie dieses Thema bisher angegangen? Heute können Sie Ihr Beziehungsmanagement jedenfalls deutlich verbessern!

Wer ohne die Welt auszukommen glaubt, irrt sich. Wer aber glaubt, dass die Welt nicht ohne ihn auskommen könne, irrt sich noch viel mehr.

François de la Rochefoucauld

Einführung zur 12. Coachingaufgabe

Mit welchen Menschen umgeben Sie sich am liebsten? Wahrscheinlich sind es Menschen, die mit Ihnen viele Gemeinsamkeiten haben und/oder Ihnen auf irgendeine Art und Weise imponieren. Richtig?

Heute geht es für Sie im Wesentlichen um zwei Fragen:

➤ Zu welchen Menschen sollten Sie als erfolgreicher Verkäufer vermehrt Beziehungen und Kontakte pflegen?

➤ Wie sieht ein aktives Beziehungsmanagement aus, welches Ihrem Erfolg nachhaltig nutzt?

Um auf die erste Frage Antworten zu geben, sollten wir uns noch einmal bewusst machen, wozu wir überhaupt immer wieder gute Kontakte zu einflussreichen Menschen brauchen. Hier nur einige Beispiele:

➤ bei einem Jobwechsel oder einer Gehaltsverhandlung

➤ für die Neukundengewinnung

➤ für das Empfehlungsgeschäft

➤ in Krisensituationen

➤ bei der Mitarbeitergewinnung

Sie sollten also in Zukunft folgenden Personenkreisen *besondere* Aufmerksamkeit schenken:

- Führungskräften im eigenen, aber durchaus auch in anderen Unternehmen

- Ihren erfolgreichen Berufskollegen – nicht nur im eigenem Haus

- Ihren VIP-Kunden oder denen, die es werden sollen

- Entscheidern von Berufsverbänden, Trainern oder Menschen aus Institutionen, die etwas mit Ihrer Branche zu tun haben

Machen Sie sich bewusst, dass oft die interessantesten Jobs nicht über die Zeitung besetzt werden, sondern über persönliche Kontakte. Ebenso werden neue interessante Kunden am einfachsten über persönliche Empfehlungen gewonnen. Dies funktioniert nur dann wirklich, wenn Sie folgende Punkte beherzigen:

- Sie sind ein sympathischer und interessanter Gesprächspartner.

- Sie pflegen Ihre Kontakte aktiv.

- Sie halten, was Ihr – positiver – erster Eindruck verspricht.

- Sie kennen Ihre Zielgruppe.

Nur jeden Tag eine halbe Stunde gesät für andere, und du wanderst im Alter durch ein Ährenfeld der Liebe, der Freundschaft und der Freunde.

☞ **Tipp:**
Damit Sie Ihre persönliche Wirkung auf andere besser einschätzen und damit auch nach Bedarf gezielt verändern können, empfehle ich Ihnen den Einsatz eines Wirkungsfeedback-Bogens (siehe Checkliste). So profitieren Sie von diesem Tool:

1. Bitten Sie mindestens fünf Personen, die Sie kennen (Chef, Kollege und verschiedene Kunden), diesen Bogen bezüglich Ihrer Wirkung ehrlich auszufüllen.

2. Werten Sie die Bögen in Ruhe aus und finden Sie die persönlichen Stärken heraus sowie die Verhaltensbereiche, bei denen Sie künftig stärker wirken möchten.

3. Leiten Sie klare Maßnahmen für Ihre gewünschte Verhaltensänderung ab, die Sie gerne auch mit Feedbackgebern besprechen können.

4. Holen Sie sich nach drei bis sechs Monaten ein neues Feedback ein, um die angestrebten Veränderungen zu überprüfen.

5. Holen Sie sich gegebenenfalls auch ein Wirkungsfeedback im privaten Umfeld – vielleicht ergeben sich im Vergleich hierzu ergänzende interessante Schlussfolgerungen.

Auch diese Checkliste können Sie von meiner Homepage downloaden (siehe Seite 229).

Feedback-Checkliste **Wie wirke ich auf andere?** von: .... an:								
	3	2	1	0	1	2	3	
modern								konservativ
penibel								nachlässig
pro-aktiv								reaktiv
wortgewandt								wortkarg
anregend								beruhigend
optimistisch								pessimistisch
kreativ								bewahrend
gelassen								angespannt
geduldig								ungeduldig
einfühlsam								Ich-bezogen
taktvoll								taktlos

	3	2	1	0	1	2	3	
freundlich								reserviert
verbindlich								unverbindlich
entschlossen								zögerlich
überzeugt								unsicher
begeistert								lustlos
berechenbar								überraschend
hilfsbereit								egoistisch
kompetent								inkompetent
belehrend								Hilfe suchend
beliebt								gemieden
offen								verschlossen
gepflegt								nachlässig
forsch								schüchtern
vielseitig								spezialisiert
strebsam								genügsam
interessiert an anderen								selbstbezogen
charismatisch								unscheinbar
witzig								kühl
lässig								steif
mutig								ängstlich
dominant								devot
sparsam								verschwenderisch
profitorientiert								altruistisch
motivierend								demotivierend
organisiert								chaotisch

	3	2	1	0	1	2	3	
ehrlich								gespielt
ruppig								sensibel
lebendig								ruhig
authentisch								aufgesetzt

Meine Erfolgsaufgaben für den 12. Tag

1. Ich beantworte möglichst noch am Vormittag schriftlich folgende Fragen:

   Von welchen Personen in meinem privaten und beruflichen Umfeld könnte ich besonders profitieren (Erfahrungen, Kontakte, Fachwissen etc.)?

   . . . .
   . . . .
   . . . .
   . . . .

   Mit welchen dieser Personen stehe ich noch nicht (ausreichend) in Kontakt – wie kann ich dies umgehend ändern? Was tue ich konkret?

   . . . .
   . . . .
   . . . .
   . . . .

2. Am Abend gehe ich die folgende Checkliste in Ruhe durch und setze mindestens eine Anregung sofort in die Praxis um!

Ideen-Checkliste Beziehungsmanagement:

➤ Nutze und pflege ich eine Geburtstagsliste, um für mich wichtige Personen an ihrem Geburtstag entsprechend zu würdigen?

➤ Zeige ich echtes Interesse an den Menschen, die mir wichtig sind?

➤ Habe ich eine „Wunschkundenliste" mit potenziellen Kunden, die ich regelmäßig kontaktiere?

➤ Bin ich in einem Netzwerk, Berufsverband, einer Vereinigung, Partei oder sonstigen Organisation, bei der ich erfolgsorientierte Menschen kennen lernen kann? Wenn ja, nutze ich dort alle sinnvollen Kontaktmöglichkeiten bereits aus?

➤ Suche ich aktiv den Kontakt zu erfolgreichen Menschen, von denen ich etwas lernen kann?

➤ Arbeite ich bereits ausreichend mit Kooperationspartnern zusammen, um gemeinsam wichtige Kundenprobleme zu lösen?

➤ Habe ich einen Vorrat an kleinen Präsenten, die ich spontan (mit oder ohne besonderen Grund) verschenken kann?

➤ Habe ich das Thema „telefonische Kontaktpflege" und Neukundengewinnung in meiner Wochenplanung als festen Punkt etabliert? Gebe ich genug (ehrliches) positives Feedback an die Menschen, die mir wichtig sind?

➤ Halte ich mich an die Regel „Nie abfällig über Dritte sprechen"?

➤ Hole ich mir bei allen mir wichtigen Menschen regelmäßig Feedback bezüglich meiner Wirkung ein?

➤ Begeistere ich andere durch meinen Optimismus?

➤ Gebe ich den Menschen, die mich umgeben, genügend Chancen, meine Fähigkeiten und Stärken zu entdecken?

➤ Kann ich mich ehrlich für Menschen interessieren, die vollkommen anders sind als ich?

➤ Habe ich eine klar definierte Kundenzielgruppe?

➤ Nutze ich eine Business-Plattform wie beispielsweise *Xing* (www.xing.de), um meine Kontakte zu pflegen und sie gezielt zu erweitern?

Was ist meine Sofortmaßnahme, um mein Beziehungsmanagement umgehend zu verbessern?

. . . .
. . . .
. . . .

3. Am Ende des Tages beantworte ich noch schriftlich folgende Fragen:

Wer und/oder was hat mich heute meinen wichtigsten Zielen näher gebracht?

. . . .
. . . .
. . . .

Welchen Menschen bin ich zur Zeit besonders dankbar und warum?

. . . .
. . . .
. . . .

Wissen diese Menschen um meine Dankbarkeit? Wenn nein, was ist konkret bis wann zu tun?

. . . .
. . . .
. . . .

Wofür kann ich in meinem Leben noch dankbar sein?

. . . .
. . . .
. . . .

Wie sieht mein *110-Prozent-Erfolgsplan* für morgen aus?

. . . .

. . . .

. . . .

Erfolgskontrolle: Alles erledigt? ❑ Ja ❑ Nein

> **Ein Verkäufer, der keine Zeit hat, Neukunden zu akquirieren, ist wie ein Mensch, der keine Zeit hat zum Essen. Über kurz oder lang verhungert er.**
>
> *Kurt H. Thieme*

13. Tag: Kleiden Sie sich wie ein Gewinner

Ob Sie es wahrhaben wollen oder nicht: Sie werden als Verkäufer zu einem hohen Prozentsatz nach Ihrem äußeren Erscheinungsbild beurteilt. Eine Studie des deutschen Meinungsforschungsinstituts GfK ergab beispielsweise, dass für unsere Mitmenschen die Art der Kleidung nach dem jeweiligen Bekanntenkreis (Beziehungsmanagement!) die wichtigste Orientierung für den möglichen Status eines Menschen ist.

Wer Erfolg haben will, muss gefallen.

Kleider machen Leute!

Redensarten

Meine Erfahrung ist: Je überzeugender Sie aussehen, desto leichter kommen Sie natürlich auch mit interessanten Kunden ins Geschäft. Natürlich habe auch ich schon erfolgreiche Verkäufer kennen gelernt, die nachlässig gekleidet und/oder wenig gepflegt waren. Aber warum soll man sich das Leben unnötig schwer machen?

Dennoch gibt es viele Verkäufer, die sich mit ihrem Outfit das Verkäuferleben schwerer machen als es ist. Die häufigsten Gründe für unvorteilhafte Kleidung sind:

➤ der Drang, beim Kleidungskauf Geld zu sparen,

➤ die Ausrede, dass der Kleiderschrank voll sei,

➤ mangelnder Geschmack und/oder fehlende Beratung,

➤ Gedankenlosigkeit bei der täglichen Zusammenstellung der Kleidungsstücke,

➤ die Schwäche, sich von alten Dingen nicht trennen zu können,

➤ Ignoranz geltender Regeln und Normen.

Wie sieht es bei Ihnen aus? Werden Sie häufig auf Ihr geschmackvolles Outfit angesprochen?

Einführung zur 13. Coachingaufgabe

In einer Kommunikationsstudie wurde untersucht, wie stark die Körpersprache eines Menschen seine Mitmenschen beeinflusst. Die Studien kommen zu folgendem bemerkenswerten Ergebnis:

Etwa 55 Prozent unserer Wirkung auf unsere Kunden erreichen wir durch unsere Körpersprache!

Nun gehören zu unserer Körpersprache neben unserem Outfit unter anderem auch Gestik, Mimik und Geruch. Wie sehr unser Outfit die Meinung anderer über uns beeinflusst, ist manchmal fast erschreckend: Bei Jugendlichen wird dies besonders deutlich, hier kann sogar die „falsche" Jeansmarke den Ausschluss aus der Clique bedeuten! Aber auch in der Geschäftswelt gibt es für viele Personalschefs einige K.-o.-Kriterien:

➤ Tennissocken und Anzug

➤ übermäßiger Schmuck bei Männern

➤ unpassende oder ungepflegte Kleidung

➤ mangelhafte Körperpflege

Auch die von nicht wenigen praktizierte – oft unbewusste – Strategie, nicht besonders in Erscheinung treten zu wollen, geht nicht auf. *Jeder Mensch wirkt immer auf andere.* Wenn jemand versucht nicht aufzufallen, wirkt er meist nur farblos und unsicher.

☞ **Tipp:**

Sicher kennen auch Sie das gute Gefühl, wenn Sie sich in einem edlen neuen Anzug mit entsprechendem Hemd, einer geschmackvollen Krawatte und glänzenden Schuhen vor einem Spiegel betrachten. Es verleiht Ihnen ein Gefühl von Sicherheit und Souveränität. Wenn dieses Gefühl am Morgen, bevor Sie das Haus verlassen, beim Blick in den Spiegel nicht vorhanden ist, dann ziehen Sie sich lieber nochmals um. Denn wenn Sie sich nicht sicher und wohl in Ihrer Haut fühlen, können Sie nie den Erfolg haben, den Sie mit dem Outfit eines Gewinners haben könnten!

Den Stil verbessern, das heißt den Gedanken verbessern.

Friedrich Wilhelm Nietzsche

Meine Erfolgsaufgaben für den 13. Tag

1. Bevor ich am Morgen das Haus verlasse, unterziehe ich meine Garderobe (dazu gehören auch Gürtel und Socken) einer kritischen Prüfung (eventuell auch mit dem Lebenspartner). Ich sortiere alles aus, was ich seit mehr als zwölf Monaten nicht mehr angezogen habe, was nicht mehr richtig passt oder was einfach nicht mehr *zu mir* (meinem Leitbild) passt. Und vor allem stelle ich mir die Fragen:

   ➤ Spricht meine Garderobe auch meine Zielgruppe an?

   ➤ Wirkt meine Kleidung seriös und vertrauenserweckend?

   ➤ Besonderes Augenmerk lege ich auf die Überprüfung meiner Krawatten. Sind die Designs wirklich aktuell und sehen sie noch sauber und gepflegt aus?

   ➤ Genauso gehe ich bei meinen Schuhen vor. Zusätzlich überprüfe ich diese nach abgelaufenen Absätzen und Sauberkeit.

➤ Ich überprüfe meine Arbeitsutensilien: Würde ich meine Schreibwerkzeuge, Prospekte, Aktentasche, Präsentationsmappe und meinen Schreibblock als vertrauenserweckend und ästhetisch ansprechend bezeichnen? Wenn nicht – heute ändern!

➤ Ich überprüfe die Länge und den Schnitt meiner Haare. Ich sehe mir meine Fingernägel einmal genauer an. Sind sie sauber und gepflegt kurz?

➤ Ich prüfe, ob meine Armbanduhr zu einem überdurchschnittlich erfolgreichen Verkäufer passt. Ich hinterfrage, ob (falls vorhanden) Goldkettchen, Ohrring oder ähnliches meinen Eindruck als Verkäufer wirklich positiv beeinflussen. Grundsätzlich spricht nichts gegen Ohrringe oder dergleichen, aber wenn nicht ausschließlich junge Leute zu den Entscheidern unter Ihren Kunden gehören, tun Sie sich selbst keinen Gefallen, zusätzlichen Schmuck zu Armbanduhr und (eventuell) Ehering zu tragen. Denn hier gilt: weniger ist mehr!

➤ Wenn ich Brillenträger bin, frage ich mich: „Passt diese Brille wirklich noch zu mir?"

➤ Beachte ich stets folgende einfache Regeln?

• Zu Business-Kleidung gehört immer auch ein entsprechender Gürtel.

• Schuhe und Gürtel sind immer in der gleichen Farbe.

• Die Krawattenlänge reicht bis zum Gürtel, nicht deutlich länger, aber auch nicht kürzer.

• Ich sorge immer für sympathischen Atem und Körperduft.

• Ich trage nur Kleidung von guter Qualität – geschulte (Kunden-)Augen sehen den Unterschied.

- Strümpfe müssen immer farblich zu Schuhen und Hose passen. Wichtig: Tennissocken haben im Business nichts verloren!

- Das Auftreten eines Verkäufers sollte einen stimmigen Gesamteindruck machen (Beispiel: Wie wirkt ein Verkäufer, der perfekt gekleidet ist, aber in einem völlig heruntergekommenen Auto fährt?).

2. Am Ende des Tages mache ich mir zu folgenden Fragen schriftliche Notizen:

Was hat mich heute meinen Zielen näher gebracht?

. . . .
. . . .
. . . .

Was habe ich aus dem heutigen Kapitel bereits umgesetzt, was werde ich wann noch umsetzen?

. . . .
. . . .
. . . .

Was waren heute meine wichtigsten Erlebnisse und was lerne ich daraus?

. . . .
. . . .
. . . .

Wofür kann ich heute dankbar sein?

. . . .
. . . .
. . . .

Wie sieht mein 110-Prozent-Tagesplan für morgen aus?

. . . .

. . . .

. . . .

Erfolgskontrolle: Alles erledigt? ❏ Ja ❏ Nein

Wir müssen säen, bevor wir ernten können. Wir können nicht den Lohn erwarten, bevor wir etwas getan haben. Erst die Investition tätigen, dann kommen der Gewinn und eventuelle Zinsen.

Unternehmerweisheit

14. Tag: Verändern Sie Ihre Realität durch Ihre Sprache

Es ist 8 Uhr 15 und der Verkäufer Paul Normal fühlt sich bei dem Gedanken, was er heute noch alles tun *muss*, sehr gestresst. Er sitzt in seinem Auto und führt folgenden inneren Dialog: „Oh Mann, was ich heute alles tun muss: Das Reklamationsgespräch mit Kunden Meier, mindestens fünf Rückrufe von gestern, die drei überfälligen Angebote müssen heute auch noch unbedingt raus, und die Besprechung mit Verkaufsleiter Druck um 10 Uhr. Ach ja, die zwei Kundentermine für 13 und 15 Uhr muss ich auch noch irgendwie vorbereiten! Wie soll ich das alles nur schaffen?" Er fühlt sich auf der Fahrt in sein Büro wie vor einem großen Berg, den er heute noch abtragen *muss*. Von Spaß, Inspiration oder Begeisterung keine Spur. Paul Normal ist in seinen Tageszwängen gefangen.

Mal ehrlich, verhielten Sie sich in der Vergangenheit gelegentlich nicht auch so ähnlich? Derartige Selbstgespräche und entsprechend destruktive Gedanken beeinflussen unsere Gefühle, unsere Wahrnehmung und die Ausstrahlung auf unsere Mitmenschen. Von den Auswirkungen auf die Gesundheit ganz zu schweigen! Wie können wir vermeiden, uns so durchs Leben zu „schleppen"? Ganz einfach:

☛ **Merke:**
Werfen Sie Wörter wie „müssen" aus Ihrem Wortschatz!

Einführung zur 14. Coachingaufgabe

Die Qualität Ihres Lebens wird maßgeblich durch die Qualität Ihrer nach innen und außen gerichteten Kommunikation beeinflusst. Werden Sie deshalb achtsamer, was Sie zu sich (auch in Gedanken) und anderen sagen. Denn das, was Sie zu sich oder Ihrem Gegenüber sagen, steuert die Gedanken der Gesprächsteilnehmer auf mächtige Weise. So kann ein und dasselbe durch differenzierte Umschreibung oder Betonung völlig andere Gefühle und Reaktionen auslösen. Nicht umsonst spricht man auch von der Macht des Wortes. Diese Macht wird von erfolgreichen Menschen sehr bewusst und gezielt eingesetzt.

Es gibt einige Wörter und Redewendungen, an denen Sie starke Verkäuferpersönlichkeiten vom Durchschnitt leicht unterscheiden können:

Der durchschnittliche Verkäufer sagt:	Der erfolgreiche Verkäufer sagt:
Ich muss ...	*Ich will oder Ich werde ...*
Eigentlich war es ...	*Ich fand es ...*
Ich will's versuchen ...	*Ich mache es am/ab ...*
Das war schlecht ...	*Zu folgenden Punkten sehe ich interessante Alternativen ...*
Ja, ich weiß, aber ...	*Danke für den Tipp!*
Das ist meine Schwäche.	*Auf diesem Gebiet möchte ich noch besser werden!*
Das war nicht schlecht ...	*Das fand ich sehr gut!*
Hallo!	*Hallo (Name!), freut mich, Sie wieder einmal zu sehen. Wie geht es Ihnen?*
Also, Tschüss!	*Schön, Sie wieder einmal gesprochen zu haben. Einen schönen Tag noch, bis bald!*
Ich habe keine Zeit für ...	*Mir ist im Augenblick etwas anderes wichtiger.*

Bevor Sie weiterlesen, bitte ich Sie, die folgende Frage für sich zu beantworten:

Was fällt Ihnen spontan ein, wenn Sie an das Wort „müssen" denken?

. . . .

Die meisten Teilnehmer in meinen Verkaufstrainings rufen spontan: „Zwang, Druck, Unlust, unliebsame Verpflichtungen" usw. Auf die Frage, „Was müssen Sie alles in Ihrem Leben?", kommen nach einer Weile die meisten Teilnehmer zu der Erkenntnis, dass sie außer sterben im Grunde nichts müssen!

Viele Menschen glauben, dass sie im Leben vieles müssen, zum Beispiel *müssen* sie arbeiten, um Geld für ihre Familie zu verdienen. Dieses Argument ist im Prinzip nachvollziehbar. Allerdings sollten wir nicht vergessen, dass es einem Sozialhilfeempfänger mit Familie bei uns heute in vieler Hinsicht besser geht (warmes Wasser, Heizung, Fernsehen etc.) als einem König vor 100 Jahren! Übrigens, jene Menschen, die jetzt empört aufschreien und mir Sarkasmus vorwerfen, benutzen erfahrungsgemäß das Wort *„müssen"* am häufigsten. Im Grunde geht es aber auch bei diesen Menschen nicht darum, irgendetwas beruflich zu müssen, nein, sie haben nur schlicht und ergreifend Angst vor möglichen Konsequenzen. Angst vor Kritik, sich beruflich zu verschlechtern, den gesellschaftlichen Status zu verlieren und Angst vor weiteren ungewollten Veränderungen. Aber alle diese Ängste sind in erster Linie Erfolgs- und natürlich Spaßbremsen im Leben. Immer dann, wenn eine Tätigkeit als notwendiges Übel und in erster Linie als Geldquelle gesehen wird, bleiben Inspiration, Mut, Leichtigkeit und Spaß weitgehend auf der Strecke!

☞ Aufgabe:

Nehmen Sie sich jetzt eine Minute Zeit und fragen Sie sich: Warum bin ich Verkäufer geworden?

1. . . . .

2. . . . .

3. . . . .

4. . . . .

5. . . . .

Welche Antworten sind Ihnen in den Sinn gekommen? Je klarer Sie sich über diese Antworten sind, desto leichter können Sie beurteilen, ob Ihnen diese Antworten Spaß und Erfolg bringen.

Worte schaffen Wirklichkeit.

Ein weiteres Beispiel, wie wir uns durch innere Dialoge oder Selbstgespräche oft selbst das Leben schwer machen:

Wie oft verwenden Sie das Wort „zu" in Sätzen wie: „Ich bin zu schlecht vorbereitet, zu spät dran, zu dick?" Damit beschränken Sie sich selbst und nehmen sich die Chance, schnell etwas zu verändern. Lassen Sie einfach das Wörtchen „zu" weg, und sagen Sie lieber: „O.k., ich bin dick und werde dies ab heute konsequent ändern." Anschließend formulieren Sie ein entsprechendes konkretes und motivierendes Ziel. Dadurch lösen Sie sich von Selbstmitleid und kommen sofort ins Handeln.

Worte sind natürlich das stärkste Rauschgift, das die Menschheit verwendet.

Rudyard Kipling

Meine Erfolgsaufgaben für den 14. Tag

1. Ich nehme mir am Vormittag ca. 25 Minuten Zeit, um folgende Fragen schriftlich zu bearbeiten:

   In welchen Alltagsituationen benutze ich Redewendungen wie „ich muss", „eigentlich möchte ich", „es war nicht schlecht", „ich sollte abnehmen", „mehr Sport treiben", „mir mehr Zeit für meine Kinder nehmen", „öfter nein sagen", „ich werde es versuchen" etc.?

   . . . .

   . . . .

   . . . .

   . . . .

   Welche Gefühle verbinde ich mit diesen oder ähnlichen Redewendungen und was bedeutet dies für meinen Energielevel?

   . . . .

   . . . .

   . . . .

2. Ich präge mir folgenden Merksatz ein, indem ich ihn mindestens dreimal laut lese, und handle ab sofort danach.

☛ **Merksatz:**

Da ich ein freier, selbstbestimmter Mensch bin, werde ich ab heute Formulierungen wie „ich muss", „eigentlich", „ich versuche es" oder ähnliche aus meinem Wortschatz streichen. Ich wähle dafür bewusst kraftvolle und eindeutige Aussagen, wie „ich will oder ich will nicht", „ich mache es am ..." usw.! Durch diese kraftvollen Aussagen bekomme ich mehr Energie zur Erreichung meiner persönlichen Ziele. Meine Anziehungskraft gegenüber anderen Menschen steigert sich dadurch deutlich.

122

3. Machen Sie sich drei Listen:

   a) Was will ich in meinem Leben zukünftig vermehren, verstärken oder öfter erleben?

      . . . .

      . . . .

      . . . .

   b) Worauf will ich ab heute in meinem Leben verzichten, was soll aus meinem Leben verschwinden?

      . . . .

      . . . .

      . . . .

   c) Was werde ich ab heute konsequenter tun, um mein Leben noch selbstbestimmter und erfüllter zu gestalten?

      . . . .

      . . . .

      . . . .

4. Am Ende des Tages ziehe ich schriftlich folgendes Fazit:

   a) Was waren heute die wichtigsten Erkenntnisse für mich?

      . . . .

      . . . .

      . . . .

   b) Welche Konsequenzen für mein Handeln ziehe ich daraus?

      . . . .

      . . . .

      . . . .

c) Wem möchte ich heute noch etwas Schönes sagen oder schreiben?

. . . .

5. Vor dem Schlafengehen mache ich mir über folgende Weisheit Gedanken:

Es sind nicht die Dinge an sich, die den Menschen beunruhigen, sondern das, was er über diese Dinge denkt.

Epiktet

Erfolgskontrolle: Alles erledigt? ❑ Ja ❑ Nein

15. Tag: Werden Sie im Umgang mit Geld noch erfolgreicher

Hand aufs Herz: Sind Sie mit der Höhe Ihres Einkommens als Verkäufer und Ihrem bisher ersparten Vermögen vollkommen zufrieden? Wenn nein, dann kommt heute ein wichtiges Thema auf Sie zu! Wenn ja, dann werden Sie bei diesem Thema vielleicht noch etwas dazulernen.

Geld ist zwar nicht alles. Aber ohne Geld ist alles nichts.

Ein junger Verkäufer wollte einmal von seinem finanziell unabhängigen Kunden wissen, was denn die Formel für Reichtum sei. Auf die Frage des lernbegierigen Verkäufers antwortete der wohlhabende Kunde etwa wie folgt:

☛ Merke:
„Dein Einkommen spiegelt in erster Linie die Auswechselbarkeit deiner Arbeit wider. Deine derzeitige Vermögensentwicklung spiegelt dein Geldbewusstsein wider."

Was wollte der Kunde dem Verkäufer damit sagen?

1. Höhe des Einkommens:

Je einmaliger (im positiven Sinne) unser Produkt oder unsere Dienstleistungen, unser Wissen und verkäuferisches Verhalten ist, desto besser werden wir bezahlt. Beispiel: Wenn alle das Gleiche als das Gleiche verkaufen (z. B. Lebensversicherung zur Altersvorsorge), dann sinkt die Erfolgsquote und damit die Einkommenssituation für alle Verkäufer enorm. Wenn Sie aber genau dieses Produkt als einziger Verkäufer durch Ihr Know-how als etwas anderes beziehungsweise mit einem für Ihren Kunden wichtigen Zusatznutzen interessanter anbieten können (z. B. Lebensversicherung als Baustein einer steueroptimierten Gehaltsumwandlung oder günstiges Finanzierungsmodell für einen geplanten zukünftigen Immobilienerwerb), dann steigen Ihre Verkaufs- und damit Ihre Einkommenschancen enorm!

2. Ihre Vermögensentwicklung:

Es gibt genügend Beispiele von mittellosen Menschen, die innerhalb weniger Jahre vermögend wurden, und Vermögende (z. B. Lottomillionäre), die es schafften, innerhalb kürzester Zeit mittellos zu werden. Nachdem es ja keinen Zufall gibt, liegt es folglich nicht so sehr am Geld an sich, sondern an dem Geldbewusstsein, das zu Vermögen oder Insolvenz führt. Die Frage ist also, in welcher Richtung und in welcher Geschwindigkeit geht es bei Ihnen mit Ihrer Vermögensentwicklung? Es klingt vielleicht im ersten Augenblick paradox, aber diejenigen, die ihr Handeln in erster Linie auf die persönliche Geldvermehrung ausrichten, sind selten die, die ihr Vermögen wirklich langfristig erhöhen.

Das Thema Geld ist in unserem Kulturkreis fast ein Tabuthema, wertende Aussagen wie „Über Geld spricht man nicht, man hat es!", „Lieber arm und gesund als reich und krank!" oder „Der würde für Geld sogar seine Großmutter verkaufen!" sind typischer Ausdruck einer unausgewogenen Einstellung gegenüber Geld in unserer Gesellschaft. Es ist für mich immer wieder erstaunlich, wie viele Verkäufer (übrigens auch viele Verkäufer aus dem Bereich der Finanzdienstleistung) ihre Finanzen entweder gar nicht im Griff haben oder aber zumindest unprofessionell mit Geld umgehen.

Hier einig typische Fehler im Umgang mit dem Geld:

➤ Geld für Konsumzwecke ausgeben, das noch nicht verdient ist

➤ kein klares, motivierendes Sparziel

- keine ausgewogene Absicherungs- und Anlagestrategie
- ein zu hoher Lebensstandard
- keine ausreichende Liquidität für Unvorhergesehenes

Dies sind nur einige Gründe, die dazu führen, dass viele Verkäufer trotz überdurchschnittlicher Einkommen zum Beispiel keine finanzielle Sicherheit aufbauen. Dadurch neigen sie immer wieder dazu, dem (scheinbar) schnellen Geld nachzulaufen oder im Krankheitsfall ohne finanziellen Rückhalt auf die Hilfe Dritter angewiesen zu sein.

Und wie sieht es mit Ihnen aus, sind Sie für Ihre Mitmenschen ein Vorbild im Umgang mit Geld?

Einführung zur 15. Coachingaufgabe

Könnte es sein, dass sich die meisten Menschen (und natürlich auch Verkäufer) zu wenig Zeit nehmen, sich über ihre Finanzen Gedanken zu machen? Wenn man sich die Insolvenzrate bei Privatleuten ansieht, so müsste an dieser Vermutung doch einiges dran sein! Dies ist umso tragischer, als es – glaubt man den so genannten Geldcoaches – mit der richtigen Vermögensaufbaustrategie, noch nie so leicht war wie heute, Millionär zu werden. Meine Erfahrung ist jedenfalls, dass vermögende Verkäufer auch überdurchschnittlich erfolgreiche Verkäufer sind. Der Grund scheint mir relativ simpel: Sie „müssen" nicht, sondern sie verkaufen, weil es ihnen Spaß macht, und dies spüren die Kunden. Auch wenn es auf dem ersten Augenblick ungerecht erscheint, aber der folgende alte Spruch bestätigt sich im Leben immer wieder:

Dem, der hat, dem wird gegeben.

Eins dürfte uns allen natürlich klar sein: Derjenige, der den *ganz schnellen Weg* zum Reichtum sucht, endet meist in einer *Sackgasse*! In der Praxis bedeutet dies: Wer immer nur nach Abkürzungen zum „großen Geld" sucht, verschwendet sinnvolle Zeit und hat statt eines ersehnten Vermögens meist relativ schnell einen Berg von Schulden! Sie sollten sich auch gut überlegen, ob Sie aus Gründen der Geldmaximierung das Risiko eingehen, mit den Steuergesetzen in Konflikt zu kommen. Vorsicht: Dieser „Schuss" kann ganz schnell nach hinten los gehen!

Geld sollte Ihnen wie dem Tiger der Schwanz durch den Dschungel folgen – nicht umgekehrt! *Geld sollten wir daher nicht als das Ziel, sondern als Mittel zum Ziel betrachten.*

Deshalb kommen wir nicht umhin, das Thema Geld immer auch aus dem geistigen Blickwinkel heraus zu betrachten:

Reich ist derjenige, dem das, was er hat, reicht.

Arm ist nicht derjenige, der nichts hat, sondern der, welcher glaubt, etwas haben zu müssen, was er noch nicht hat.

Diese Weisheiten zeigen aus meiner Sicht sehr klar, dass Reichtum und Armut in unserem Kopf beginnen! Wenn Sie sich arm fühlen und mit diesem Bewusstsein mit Geld umgehen, dann kann logischerweise kein wahrer Reichtum entstehen. Oder noch pragmatischer:

☞ **Merke:**
Wenn Sie grundsätzlich nicht mit Geld umgehen können, dann nützt Ihnen auch ein Gewinn, Kredit oder die Gehaltserhöhung nichts, um Ihre Vermögenssituation nachhaltig zu verändern.

Wir werden das Thema Geld also von zwei Ebenen aus bearbeiten:

▶ Welches „Geldbewusstsein" habe ich und wie kann ich es optimieren?

▶ Welche Verhaltensweisen und Strategien habe ich daraus in der Vergangenheit entwickelt? Was sollte ich hier verändern?

Wenn Sie diese Themen für sich geklärt haben, können Sie in Zukunft viel leichter und bewusster für Wohlstand und Reichtum in Ihrem Leben sorgen!

Meine Erfolgsaufgaben für den 15. Tag

1. Ich nehme mir am Morgen etwa 30 Minuten Zeit, um die folgenden Aufgaben zu beantworten.

   Ich lese die Aussage des reichen Kunden von Seite 125 und die Erläuterungen dazu nochmals in Ruhe durch. Danach schreibe ich mir meine Gedanken zu folgenden Fragen selbstkritisch auf:

   a) Was sagen diese Erkenntnisse über meine derzeitige Ersetzbarkeit und mein bisheriges Geldbewusstsein aus?

      . . . .

      . . . .

      . . . .

      . . . .

b) Welchen Handlungsbedarf sehe ich bei mir konkret, was
   ist zu tun?

. . . .

. . . .

. . . .

. . . .

Danach beantworte ich schriftlich folgende Fragen:

Was bedeutet für mich „reich sein" konkret?

. . . .

. . . .

. . . .

. . . .

Warum habe ich es verdient, reich zu sein (nennen Sie hier
bitte mindestens zehn Punkte)?

a) . . . .

b) . . . .

c) . . . .

d) . . . .

e) . . . .

f) . . . .

g) . . . .

h) . . . .

i) . . . .

j) . . . .

Wer und /oder was macht mich schon heute „reich"?

. . . .
. . . .
. . . .

Lässt es mein Geldbewusstsein bisher schon zu, regelmäßig
gemeinnützige Projekte zu unterstützen? Wenn nein, was
spricht dagegen, mit meinem neuen Bewusstsein des Reich-
tums dies ab sofort zu tun? Was bedeutet dies konkret?

. . . .
. . . .
. . . .
. . . .

Habe ich bisher die richtige Vermögensstrategie? Habe ich
z. B. einen persönlichen Geldcoach, der es selbst geschafft
hat, ein Vermögen aufzubauen?

. . . .

Wann habe ich meine Finanzanlagen zuletzt von einem seriö-
sen Finanzprofi hinsichtlich folgender Punkte durchchecken
lassen? (Wenn Sie selbst in der Finanzdienstleistung tätig
sind, scheuen Sie sich nicht, sich von einem noch erfahreneren
Kollegen helfen zu lassen! Denn sonst besteht die Gefahr,
dass die alte Redensart „Der Schuster hat die schlechtesten
Schuhe" auf Sie zutrifft.)

Der „Finanzcheck" oder die Vermögensanalyse ist deshalb so wichtig, weil Sie schließlich viel für Ihr Geld arbeiten. Doch ohne gutes Finanzmanagement liegt Ihr Geld permanent auf der „faulen Haut"!

Ein einfaches Beispiel zeigt, wie groß die Unterschiede bei gleichen Sparraten in unterschiedlichen Geldanlagen sind:

☛ **Tipp:**
Ein monatlicher Anlagebetrag von 100,— € kann nach 30 Jahren (Einzahlung insgesamt 36 000,— €) bei einer Verzinsung von 3 Prozent (Sparbuchzinsen) = 58 274,— € oder 15 Prozent (Aktienfonds) = 692 328,— € bringen.

Es lohnt sich also, auf die langfristige Rendite von Kapitalanlagen zu achten, der Zinseszinseffekt ist auf lange Sicht wirklich enorm.

**Checkliste für Verkäufer, die ihr Konto
überwiegend im Minus haben:**

➤ Komme ich bisher allen Verbindlichkeiten immer zuverlässig nach (zahle ich z. B. immer mit Skonto?)?

➤ Frage ich mich bei jeder Anschaffung: „Muss dieser Kauf gerade jetzt wirklich sein?"

➤ Kenne ich gute Bücher zum Thema Vermögensaufbau? Wenn nein: Bitte in den nächsten 48 Stunden darum kümmern!

➤ Meide ich Konsum- und Privatkredite mit aller Konsequenz?

➤ Habe ich zwei Girokonten, um Privates und Geschäftliches zu trennen?

➤ Gebe ich meine Provisionseinnahmen erst dann aus, wenn diese auf meinem Konto gebucht sind?

2. Beantworten Sie bitte am Ende des Tages schriftlich folgende Fragen:

Wieviel Prozent des heutigen Arbeitstages habe ich ungefähr mit EPT (**E**inkommen **p**roduzierenden **T**ätigkeiten = telefonische oder persönliche Akquise- und Verkaufsgespräche) verbracht?

. . . .

Ist der Anteil an EPT in den letzten Wochen gestiegen oder gefallen?

. . . .

Was kann ich unternehmen, um ab sofort mehr Zeit mit EPT zu verbringen?

. . . .

. . . .

. . . .

Was werde ich diesbezüglich konkret bis wann ändern?

. . . .

. . . .

. . . .

Wofür und/oder für wen kann ich heute wieder dankbar sein?

. . . .

. . . .

. . . .

3. Vor dem Schlafengehen mache ich mir über nachfolgende Aussage Gedanken und prüfe, ob ich bisher so gehandelt habe und wie ich mich in Zukunft noch stärker daran halten kann:

Reiche Menschen investieren, arme Menschen konsumieren.

Erfolgskontrolle: Alles erledigt? ❏ Ja ❏ Nein

☞ **Merke:**
Es gibt im Prinzip nur zwei Wege zu mehr Vermögen: Weniger Geld ausgeben – mehr Geld einnehmen und diesen Betrag sinnvoll investieren!

16. Tag: Durch mentale Techniken leichter ans Ziel

Stellen Sie sich bitte zwei identisch durchtrainierte Triathleten vor. Der eine, nennen wir ihn Bob, war beim letzten Triathlon wieder einmal rund fünf Minuten langsamer als Mike, der schneller als alle anderen war. Bob war noch nie schneller als Mike, aber dies soll sich nun ändern, er will Mike im Kampf um die Zeit besiegen! Mike gibt in Interviews bekannt, dass er auf Hawaii seinen Weltrekord nochmals um 20 Minuten unterbieten will! Die meisten Konkurrenten reagieren auf diese unglaublich gewagte Aussage mit Resignation, nach dem Motto: „Mike ist verrückt, den kriegen wir nie!" Bob dagegen entwickelt einen (mentalen) Plan: Er sieht seine Chance in der Zielsetzung von Mike. Mike will 20 Minuten schneller sein. Also sagt sich Bob: „Immer an Mike dran bleiben und ihn auf den letzten Metern in einem Endspurt überholen." Wochenlang visualisiert er sein Ziel beim Training und vor dem Schlafengehen. Er sieht sich immer kurz hinter Mike schwimmen, Rennrad fahren und laufen, um ihn auf den letzten Metern zu überholen. Irgendwann wird dieses Bild zur Realität für ihn, er weiß, dass es so kommen wird. Im Geiste hat er bereits gewonnen! Und was geschieht? Nach einem scheinbar endlosen Kopf-an-Kopf-Rennen überholt Bob den bisherigen Champion auf den letzten Metern und gewinnt. Hinterher erzählt er den Reportern zu seinem Sieg: *Mein Geist hat mich an Mike vorbeigetragen!"*

Dieses Beispiel zeigt uns, worum es im Wesentlichen beim mentalen Training geht:

Mentaltraining heißt: im Geist die Zukunft formen.

Einführung zur 16. Coachingaufgabe

Studien, die sich mit den Ursachen für den überdurchschnittlichen Erfolg von herausragenden Persönlichkeiten beschäftigt haben, belegen eines ganz deutlich: Gewinner *sehen* ihre Zukunft positiv! Sie visualisieren bewusst oder unbewusst ein erwünschtes positives Zielszenario. Sie lassen quasi einen Kurzfilm ihrer erfolgreichen Zukunft ablaufen.

> **Sobald der Geist auf ein Ziel gerichtet ist, kommt ihm vieles entgegen.**
>
> *Goethe*

„Durchschnittsmenschen" dagegen schauen in erster Linie in ihre Vergangenheit zurück. Am unproduktivsten für unsere zukünftigen Resultate ist es natürlich, sich „Horrorszenarien" der eigenen Zukunft auszumalen. Leider werden auch diese negativen, von Angst geprägten Visualisierungen (obwohl so nicht gewollt) zur sich selbst erfüllenden Prophezeiung, die mittels negativer „Zielbilder" magisch angezogen wird. Denn:

☞ **Merke:**
Das, worauf wir unsere Aufmerksamkeit lenken, wird verstärkt oder angezogen.

Das Visualisieren unsere Ziele, verbunden mit einem starken positiven Gefühl der Freude, ist für das Erreichen von Spitzenleistungen deshalb so wichtig, weil es Tatenergie und Kreativität nach den Erkenntnissen der Leistungspsychologie um das Vier- bis Fünffache steigert. Und zwar deshalb, weil die Programmiersprache unseres Unterbewusstseins aus Bildern und Gefühlen besteht.

> **Die Seele kann nicht ohne Bilder denken!**
>
> *Aristoteles*

Abhängig von der Tiefe des Entspannungszustands sind offensichtlich unterschiedliche Mentaltechniken verschieden wirksam. Aus den Biografien großer Erfinder ist bekannt, dass deren wichtigste Ideen für ihre bahnbrechenden Erfindungen (wie zum Beispiel die Glühbirne von T.A. Edison) meist nicht durch angestrengtes Nachdenken, sondern aus einem völlig entspannten Geisteszustand entstanden. Diesen entspannten Geisteszustand erlebt jeder Mensch tagtäglich, beispielsweise vor dem Einschlafen oder beim Hören entspannender Musik. Gehirnwissenschaftler nennen ihn Alphazustand, weil unser Gehirn hierbei Gehirnwellen produziert (ca. 7 bis 14 Schwingungen in der Sekunde), die Alphawellen genannt werden. Wir wissen heute, dass sich im „Alphazustand" folgende Aspekte signifikant verstärken:

- Kreativität
- Lernfähigkeit
- Intuition und Telepathie
- ganzheitliches Denken
- Beschleunigung von Heilungsprozessen
- körperliche und geistige Regeneration

Dieses Wissen nutzte man übrigens schon vor Tausenden von Jahren. In Meditation, Yoga, bei schamanischen Ritualen, Tänzen oder im vertieften Gebet wurde der Alphazustand schon in früheren Zeiten willentlich angestrebt. Aber es sieht so aus, als ob wir es uns in dieser hektischen Zeit nicht mehr leisten könnten, scheinbar nur passiv herumzusitzen. Das Unterbewusstsein aber läßt sich dann am effektivsten auf Erfolg programmieren, wenn wir in einem entspannten Zustand sind. Das Unterbewusstsein ist dann am aufnahmefähigsten, und der vielleicht zweifelnde, mit Sorgen und Ängsten beladene Verstand weitgehend ausgeschaltet. Dies wird am eindruckvollsten in der Hypnose deutlich. In einem Hypnoseworkshop konnte ich am eigenen Leib erfahren, wie ich – von einem erfahrenen Hypnotiseur in einen Trancezustand versetzt – Dinge tat, die ich vorher für unmöglich gehalten hatte. Dies hat übrigens nichts mit Mystik zu tun. An schwedischen Universitäten wird Hypnose beispielsweise im Medizinstudium gelehrt. Schwedische Zahnärzte benutzen Hypnose sehr effektiv bei Operationen, um auf herkömmliche Schmerzmittel zu verzichten. Neben der Hypnose gibt es eine Reihe weiterer interessanter alter und neuer Mentaltechniken, die hier zumindest erwähnt werden sollen:

- Affirmation
- Autosuggestion
- gezielte Telepathie
- verschiedene Visualisierungstechniken aus dem neuro-linguistischen Programmieren (NLP)
- autogenes Training
- Gebet
- Subliminalcassetten
- Zielcollage

Visualisierungen in einem entspannten Zustand, in dem unser Gehirn langsame Alphawellen (ähnlich wie in einem hypnotischen Trancezustand) produziert, sind also für Ihren Erfolg eine der lohnendsten Zeitinvestitionen.

Bitte beachten Sie die umfangreichen Internet-Tipps zu diesem Thema am Ende diese Buchs ab Seite 233 und den kostenlosen Code zur Hörprobe der Audio-CD *„Erfolg beginnt im Kopf"* (siehe Seite 229).

> **Das Leben besteht nicht in der Hauptsache aus Tatsachen und Geschehnissen. Es besteht im Wesentlichen aus dem Sturm der Gedanken, der jedem durch den Kopf tobt.**
>
> *Mark Twain*

Meine Erfolgsaufgaben für den 16. Tag

1. Ich nehme mir im Lauf des Tages (spätestens vor dem Einschlafen) ca. 20 Minuten Zeit, um mich bewusst zu entspannen. In dieser Zeit ist es wichtig, dass ich völlig ungestört bin. Vorher nehme ich mir meine Zielnotizen vom dritten und vierten Tag zur Hand und überarbeite/aktualisiere diese gegebenenfalls.

Anleitung zum mentalen Training:

Ich lege oder setze mich entspannt hin, schließe die Augen und höre entweder geeignete Entspannungsmusik oder sorge für Ruhe. Dann konzentriere ich mich auf meine Atmung und spüre, wie sich bei jedem Ein- und Ausatmen meine Bauchdecke hebt und senkt. Wenn mir Gedanken durch den Kopf gehen, lasse ich diese einfach wie kleine Wolken davonziehen. Ich gehe gedanklich langsam durch meinen Körper und entspanne nochmals bewusst alle meine Muskeln. Sollte mich das angenehme Gefühl von Müdigkeit noch nicht überkommen, so zähle ich in Gedanken langsam rückwärts von 25 bis 0. Wenn ich mich richtig entspannt fühle, stelle ich mir vor meinem inneren Auge eine Situation in der Zukunft vor. Eine Situation, in der ich mein wichtigstes Ziel als bereits erreicht sehe. Dieses Bild lasse ich möglichst lebendig werden, ich male es mir in allen Einzelheiten aus und spüre ein starkes Gefühl von Freude, Dankbarkeit und/oder Stolz. Vielleicht gelingt es mir auch, angenehme passende Geräusche oder Stimmen zu hören und/ oder Gerüche wahrzunehmen. Anschließend sage ich mir: „So oder besser zum Wohle aller!"

Die Formulierung „So oder besser zum Wohle aller!" ist deshalb wichtig, weil wir nicht auf Kosten Anderer erfolgreich sein wollen und wir uns mit unserer Zielsetzung eventuell unnötig begrenzen! Denn wenn Sie Ziele mit Ihrem logischen Verstand formulieren, dann orientieren Sie sich oft an den Erfahrungen der Vergangenheit, die linear in die Zukunft projiziert werden. Dies liegt unter anderem daran, dass unser Verstand dazu neigt, logisch und linear zu denken, also 10 Prozent Steigerung im letzten Jahr, lässt 10 Prozent im nächsten Jahr realistisch erscheinen, oder 1 + 1 = 2. Das Leben verläuft aber selten linear, sondern unter anderem wellen-, und spiralartig, was dann immer wieder für kleine und große Überraschungen sorgt.

Die Zukunft muss aber nicht zwingend etwas mit Ihren früheren Erlebnissen zu tun haben. Beispiel: Noch zu Beginn des zwanzigsten Jahrhunderts forderten damals führende Wissenschaftler, die Patentämter abzuschaffen, da keine wesentlichen Entdeckungen mehr zu erwarten seien. Kurze Zeit darauf wurden die Glühbirne und das Telefon erfunden.

Um die beste Effektivität mit Ihrem mentalen Training zu erreichen, empfehle ich Ihnen, diese Übung *sieben Tage* hintereinander durchzuführen! Dadurch wird die Zielerreichung immer realer für Sie. Ihr Unterbewusstsein kann dann Ihre Aufmerksamkeit und Ihr Verhalten auf den für Sie besten Weg zur Zielerreichung ausrichten.

Bittet, und es wird Euch gegeben werden; suchet, und Ihr werdet finden; klopfet an, und es wird Euch aufgetan werden.

Matthäus 7,7

☞ **Wichtig:**

Wenn Sie Ihr Unterbewusstsein so auf Ihr Ziel programmiert haben und mit liebevoller Begeisterung an die Arbeit gehen, brauchen Sie sich nicht mehr stur an irgendwelche (in der Theorie ausgedachten) Aktionspläne zu halten. Meistens hat die Intelligenz des Lebens einige Abkürzungen für uns parat, an die wir vorher nicht zu denken gewagt hätten: Plötzlich treffen wir Menschen, die uns weiterhelfen, oder ein Kunde gibt uns eine interessante Empfehlung und so weiter. Damit will ich allerdings nicht sagen, dass Sie in Zukunft ohne Plan handeln sollen. Es geht vielmehr darum, Aktionspläne oder Strategien als grobe Orientierung zu sehen, um leichter an Ziele glauben zu können, dann aber stets im *Hier und Jetzt* zu agieren! Denn wenn Sie das nicht tun, sind Sie nicht *da* (in der Gegenwart) und wenn Sie mit Ihren Sinnen nicht in der Gegenwart sind, nützt Ihnen Ihre Strategie aus der Vergangenheit, die mit dem Jetzt nichts mehr zu tun haben muss, oft relativ wenig. Dies verdeutlicht die Antwort von Umberto Tomba, dem unvergessenen Skiweltmeister, als er gefragt wurde, an was er beim Hinabfahren denkt. Seine Antwort: „Da denke ich nichts, da fahre ich nur."

2. Am Ende des Tages bearbeite ich folgende Fragen:

   Was habe ich heute besonders gut gemacht?

   . . . .
   . . . .
   . . . .

   Was kann ich in Zukunft besser machen und wie kann ich es tun?

   . . . .
   . . . .
   . . . .

   Was sind die Vorteile, wenn ich diesen Coachingprozess konsequent weiter führe?

   . . . .
   . . . .
   . . . .

Was begeistert mich in den letzten Tagen an meinem Beruf?

. . . .

. . . .

. . . .

Was ist zu tun, damit mich mein Beruf in Zukunft noch mehr begeistert?

. . . .

. . . .

. . . .

Wann werde ich mir morgen Zeit für die nächste Coachingaufgabe nehmen?

. . . .

Erfolgskontrolle: Alles erledigt? ❏ Ja ❏ Nein

Bei mir selbst will ich lernen, will ich Schüler sein, will ich mich kennen lernen.

Hermann Hesse, Siddhartha

17. Tag: Lassen Sie den Kunden kaufen: der Sog-Verkauf

Sie können davon ausgehen, dass jeder Kunde kaufen will. Ja, jeder Kunde will kaufen, er will also das Gefühl haben, *er* hat gekauft! Viele Verkäufer scheinen aber der Meinung zu sein, sie müssten dem Kunden ihre Ware auf eine Art verkaufen, die weder für den Verkäufer noch für den Kunden angenehm ist. Dabei sprechen sie viel zu viel und nur über das Produkt an sich. Manchmal hatte ich als Kunde den Eindruck, dass einige Verkäufer das Wort „Verkaufen" mit „Aufdrängen" oder auch mit „Kundenfachschulung" verwechseln. Gerade beim letzteren fällt mir der Spruch, „Fachidiot schlägt Kunde tot!" ein. Es scheint fast so, als ob die einen mit Verkaufsdruck übertreiben und die anderen mit Fachchinesisch.

Wer vom Verkauf nichts weiß, redet über Produkt und Preis.
Verkäuferweisheit

Der eine vergrault und der andere verunsichert! Der Sog-Verkäufer aber geht den goldenen Mittelweg! Sog-Verkäufer verstehen es, dem Kunden das Gefühl zu geben, er habe sich selbst zum Kauf entschieden. Aber was versteht man genau unter Sog-Verkauf? Sog-Verkauf ist das Gegenteil vom Druck-Verkauf. Sog-Verkauf ist sehr effektiv, da lange Beratungsmonologe und billige Verkäufertricks (die von den meisten Kunden ohnehin schnell durchschaut werden) nicht nötig sind, auch Stornos (aus Kaufreue) werden dadurch weitgehend vermieden. Dadurch macht das Verkaufen natürlich auch viel mehr Spaß! Im Sog-Verkauf geht es im Wesentlichen um folgende Erfolgskomponenten:

➤ Habe ich genügend Verkaufstermine, um mein Wochenziel zu erreichen, und ausreichend Adressmaterial für die Terminvereinbarung?

- Habe ich eine klare mentale Zielsetzung vor und während des Verkaufsgesprächs?

- Stimmt meine Einstellung zu mir, meinem Beruf, dem Kunden und meiner Dienstleistung, meinem Produkt?

- Ist mein Verhalten auf Sympathie und Vertrauensbildung durch folgende Punkte ausgerichtet:

  - durch die Art der Kontaktphase und der Bedarfsermittlung und/oder Bedarfsweckung beim Kunden?

  - den richtigen Einsatz der Körpersprache im Verkaufsgespräch?

  - den sinnvollen Einsatz unterstützender Medien (Artikel, Bilder, Referenzschreiben und Skizzen)?

- Nutze ich alle sinnvollen zielführenden Fragetechniken (siehe auch letztes Kapitel) im Verkaufsgespräch?

- Betreue ich den Kunden auch nach dem Kauf ausreichend weiter?

Gerade über den ersten Punkt, die Zielsetzung vor einem Verkaufsgespräch, machen sich viele Verkäufer häufig noch zu wenig Gedanken.

Welches Ziel setzen Sie sich, bevor Sie in ein Verkaufsgespräch gehen? Denken Sie bitte ruhig kurz über diese wichtige Frage nach! Denn Sie wissen ja:

Wer in die falsche Richtung reitet, dem nützt auch Galoppieren nichts!

Wenn Sie beispielsweise für sich geantwortet haben, „Na ist doch logisch, ich will verkaufen!", dann könnte diese Zielsetzung zwar in der Sache richtig sein (wobei dann immer noch offen wäre, welches Produkt oder welche Dienstleistung in welcher Preisklasse), aber in der Konsequenz für Ihren Erfolg zumindest teilweise kontraproduktiv sein.

Warum? Ganz einfach: Wenn Sie mit der klaren Zielsetzung „Ich will in diesem Gespräch einen Verkaufsabschluss erreichen!" in das Verkaufsgespräch gehen, dann könnte es sein, dass Sie zum einen vor lauter Abschlussorientierung den zweiten vor dem ersten Schritt machen! Das heißt, dass Sie die für den weiteren Gesprächsverlauf so wichtige Anwärmphase viel zu kurz gestalten. Oder dass Sie zwar einen bescheidenen Abschluss machen (mit einer anderen Zielsetzung), aber mit diesem Kunden wäre vielleicht ein wesentlich interessanteres Geschäft (für beide) zu machen gewesen.

Übrigens: Verkäufer, die von herkömmlichen Verkaufsmethoden auf die Methode des Sog-Verkaufs wechselten, haben ihre Abschlussquoten von durchschnittlich 35 Prozent innerhalb kürzester Zeit auf über 60 Prozent erhöhen können. Und wie hat sich Ihre Abschlussquote in den letzten Wochen entwickelt? Der Sog-Verkaufsprozess besteht aus sieben aufeinander aufbauenden Schritten. Zum besseren Verständnis bietet sich der Vergleich mit einem Trichter an. Am Anfang ist es wichtig, den Kunden quasi in den „Gesprächstrichter" zu führen, dann führt das Sog-Verkaufsgespräch mit großer Sicherheit auch zum Abschluss.

Hier ein vereinfachtes Modell des Sog-Verkaufsprozesses und seine sieben Einzelschritte:

1. *Vorbereitung* auf das Verkaufsgespräch (Zielsetzung, Informationen über den Kunden, passendes Präsentationsmaterial usw.)

2. *Aktivierung* des Kunden (persönliches Kennenlernen, „Wohlfühlatmosphäre" schaffen, Gesprächsbereitschaft und Interesse des Kunden prüfen und verstärken)

3. *Bedarfsanalyse* (Wie denkt der Kunde über ...?, Was ist ihm wichtig und was weniger?, Welche Ziele hat er? Erster Vorabschluss)

4. *Angebotsphase* (Was kann ich dem Kunden bezüglich seiner Wünsche bieten? Wie sollte ich mein Angebot kundenorientiert präsentieren? Zweiter Vorabschluss)

5. Optional je nach Gesprächsverlauf folgt entweder die *Einwandbehandlung* oder die *Beantwortung von Fragen*

6. *Verkaufsabschluss/Empfehlungsgespräch*

7. *Nachbetreuung*

☛ **Wichtig:**
Diese Verkaufsmethode im Ganzen sprengt natürlich (wie übrigens alle 21 Coachingthemen!) deutlich den Rahmen eines Coachingtages, aber den Anfang können wir ja machen!

Einführung zur 17. Coachingsaufgabe

Das „A" und „O" für den Erfolg im Verkauf ist eine ausreichende Anzahl qualifizierter Termine. Viele Verkäufer machen sich das Leben bei der Terminvereinbarung selber schwer.

Beispiel:

Oft erlebe ich es, dass Verkäufer von Versicherungsdienstleistungen ihren Bestandskunden ein ganz bestimmtes Produkt (weil beispielsweise gerade ein entsprechender Verkaufswettbewerb läuft) verkaufen wollen. Schon bei der Terminvereinbarung zeigt sich aber, dass die meisten Kunden dieses Produkt oder ein ähnliches (zumindest aus der Sicht der Kunden) bereits besitzen oder weder Zeit noch Interesse an einer diesbezüglichen Beratung haben. Diese Art von produktorientierten Terminiergesprächen sind auf Dauer ruinös! Denn: Wie oft können Sie Ihre Kunden auf diese

Weise anrufen? Spätestens nach der dritten Aktion ist in der Regel die Geduld des Kunden am Ende.

Erfolgreiche Menschen sind erfolgreich, weil sie es sich zur Gewohnheit machen, diejenigen Dinge zu tun, die Versager nicht gerne tun.

Albert Gray

Wie kann man es besser machen?

➤ Falls noch nicht oder in den letzten zwölf Monaten nicht mehr geschehen, führen Sie für Ihre Kunden eine Bedarfsanalyse durch. Belästigen Sie Ihre Kunden nicht mit Dingen, die sie bereits besitzen oder nicht wollen!

➤ Fragen Sie den Kunden zu Beginn des Telefonats immer, ob es gerade passt! Denn wenn beim Kunden beispielsweise das Essen gerade auf dem Tisch steht, wird das Gespräch schnell beendet werden.

➤ Sprechen Sie über Produkte bei der Terminvereinbarung nur dann, wenn Sie aus dem Vorgespräch wissen, dass der Kunde sich genau dafür interessiert.

➤ Machen Sie vielmehr den Kunden durch entsprechende Fragen neugierig.

Beispiel:

Statt also zu sagen: „Ich möchte Ihnen in einem persönlichen Gespräch gerne unsere neue ... -Versicherung vorstellen", sagen Sie lieber: „Ist es richtig, dass Sie bei uns verschiedene Verträge laufen haben?"

Kunde: „Ja."

Verkäufer: „Gehören auch Sie zu den Kunden unseres Hauses, die viel Wert auf ein gutes Preis-Leistungs-Verhältnis legen?"

Kunde:	„Ja, natürlich, um was geht's denn?"
Verkäufer:	„Speziell für preisbewusste Kunden bieten wir jetzt eine interessante neue Dienstleistung an. Es geht um eine kostenlose Versicherungsanalyse. Danach haben Sie einen genauen Überblick, wo es möglich ist, zum Beispiel durch neue Tarife ein besseres Preis-Leistungs-Verhältnis zu erzielen. Herr Kunde, sind Sie grundsätzlich interessiert, Geld zu sparen?"
Kunde:	„Ja, grundsätzlich schon."
Verkäufer:	„Das freut mich! Wann könnten Sie sich denn am leichtesten in den nächsten Tagen die Zeit für Ihre Versicherungsanalyse nehmen, tagsüber oder in den Abendstunden?"
Kunde:	„Wenn, dann passt es eher in den Abendstunden."

Führen Sie also den Kunden durch entsprechende Fragen auf das Thema hin. So entwickelt sich – richtig gemacht – ganz automatisch Neugier und Interesse an dem, was kommt.

Wenn der Verkäufer nun im Beratungsgespräch feststellt, dass der Kunde einen Bedarf bezüglich der neuen Versicherung hat, dann kann er ja immer noch darauf eingehen. Wenn nicht, dann besteht sicherlich ein anderer Bedarf. Das Wichtigste bei dieser Vorgehensweise: Bei der nächsten Aktion braucht der Verkäufer nicht mehr mit der „Schrotflinte in die Kundendatei zu schießen", sondern kann gezielt die Kunden anrufen, die für das entsprechende Produkt in Frage kommen.

Für Verkäufer, die bereits so vorgehen, mögen diese Tipps trivial erscheinen. Leider gibt es aber noch viele Verkäufer, die sich (mit großem Aufwand) von einer Verkaufsaktion zur nächsten schleppen!

Wenn das Verkaufsgespräch dann stattfindet, gilt es, die Sog-Verkaufsregel Nummer 1, „Die grundlegenden drei Schritte", einzuhalten:

➤ Zuerst sorge ich dafür, dass sich der Kunde und ich wohl fühlen.

➤ Dann finde ich heraus, was der Kunde will.

➤ Anschließend gebe ich dem Kunden Gelegenheit, sich von meinem Angebot bezüglich seiner Wünsche zu überzeugen.

Was bedeutet das konkret für das obige Beispiel? Vor dem Termin ein klares „Sog" erzeugendes Ziel setzen! „Den werde ich schon von meinem Angebot überzeugen", ist (wenn überhaupt) kein ideales Ziel! Besser wäre, sich folgende Zielsetzung vor dem Gespräch zu verinnerlichen: „Wenn ich mich vom Kunden verabschiedet habe, hatten der Kunde und ich eine angenehme Zeit miteinander, er hat von mir die Produkte/Dienstleistungen bekommen, die für ihn sinnvoll waren. Und er empfiehlt mich an interessierte Personen weiter!" Für Verkaufsneulinge ist es sicherlich wichtig, sich den Gesprächsablauf nochmals einzuprägen: „Gleich zu Beginn des Gesprächs werde ich für eine angenehme Gesprächsatmosphäre sorgen. Wenn ich das Gefühl habe, dies ist mir gelungen, werde ich den Kunden so aktivieren, dass er neugierig auf mehr Informationen wird ..."

Durch Fokussierung auf die Qualität in den Verkaufsgesprächen folgt automatisch auch die entsprechende Quantität, also Abschlüsse. Diese Reihenfolge fordert übrigens seit Jahren einer der erfolgreichsten Manager der Welt bei seinen Führungskräften ein. Jack Welch hat so in wenigen Jahren mit der Konzentration auf qualitative Ziele den Sanierungsfall General Elektrik zu einem der profitabelsten Industriegiganten der Welt entwickelt.

Meine Erfolgsaufgaben für den 17. Tag

1. Ich überprüfe heute möglichst noch in der ersten Tageshälfte schriftlich meine bisherige Einstellung, Zielsetzung und Vorgehensweise bei meinen Verkaufsaktivitäten. Ich bearbeite folgende Aufgaben/Fragen:

   Mit welchem Ziel gehe ich in meine Verkaufsgespräche?

   . . . .

   . . . .

   . . . .

   Was kann ich an meiner Zielsetzung im Sinne des Sog-Verkaufens noch optimieren/beachten?

   . . . .

   . . . .

   . . . .

   Beispiel für eine Sog bringende Zielsetzung: Ich möchte meinem Gesprächspartner

   a) ein gutes Gefühl vermitteln,

   b) herausfinden, was er braucht/will,

   c) es ihn kaufen lassen!

   Ich mache mir bewusst, dass ich psychologisch betrachtet keine Produkte (z. B. Versicherungen, Autos oder Immobilien) verkaufe, sondern primär Bedürfnisse befriedige (z. B. Sicherheit, Anerkennung) oder Probleme löse (Angst vor finanziellen Problemen)!

Welche Bedürfnisse oder Probleme sind es, die durch meine Dienstleistungen oder Produkte befriedigt bzw. gelöst werden?

. . . .
. . . .
. . . .

Wie kann ich den Nutzen meines Angebots für den Kunden im Hinblick auf die obigen Bedürfnisse/Probleme ab sofort noch stärker herausstellen?

. . . .
. . . .
. . . .

Der Kunde kauft in erster Linie nach seinem Gefühl und in zweiter Linie nach seiner Ratio: Was sind aus meiner Sicht die wichtigsten kaufentscheidenden Gefühle meiner Kunden?

. . . .
. . . .
. . . .

Die wichtigsten Gefühle, die erfolgreiche Verkäufer – unabhängig von der Branche – bei ihren Kunden verstärken, sind:

➤ *Anerkennung* und *Wertschätzung* der eigenen Person

➤ *Freude* und *Spaß* im Umgang mit dem Verkäufer

➤ *Sicherheit* und *Vertrauen* zum Unternehmen, Produkt und Verkäufer

➤ *Leichtigkeit*, durch die unkomplizierte Abwicklung und Funktion

➤ das Gefühl, ein *lohnendes Geschäft* getätigt zu haben

Wie kann ich diese Gefühle ab sofort durch mein Verhalten
bei meinen Gesprächspartnern verstärken?

. . . .

. . . .

. . . .

Welche Produkt- bzw. Dienstleistungsaspekte sollte ich hinsichtlich der verkaufsrelevanten Gefühle stärker in den Vor-
dergrund stellen?

. . . .

. . . .

. . . .

2. Ich nehme mir am Abend 20 Minuten Zeit, um folgende Fragen schriftlich zu beantworten:

   Was waren die Highlights des Tages und welche Erkenntnisse
   ziehe ich daraus?

   . . . .

   . . . .

   . . . .

   Bin ich mit der Anzahl (und der Entwicklung) meiner wö-
   chentlichen Verkaufsgespräche wirklich zufrieden?

   . . . .

   Wenn nein, was ist zu tun? Wenn ja, bravo!

   . . . .

   . . . .

   . . . .

Sind Sie mit der Entwicklung Ihrer Abschlussquote wirklich zufrieden?

. . . .

Wenn nein, was ist zu tun? Wenn ja, werden Sie nicht selbstzufrieden!

. . . .

. . . .

. . . .

Was erfüllt mich heute mit Dankbarkeit?

. . . .

. . . .

. . . .

Wann werde ich das Kapitel für den 18. Tag bearbeiten?

. . . .

Erfolgskontrolle: Alles erledigt? ☐ Ja ☐ Nein

Erfolglose verschwenden ihre Zeit.
Erfolgreiche nutzen ihre Zeit.

P.S. Wie sieht es übrigens mit Ihrem mentalen Training aus? Führen Sie es regelmäßig durch? Sie wissen ja, die Zeit vor dem Einschlafen und nach dem Aufwachen ist besonders gut dafür geeignet.

18. Tag: Mit Menschenkenntnis besser verkaufen

Auch Ihnen ist sicherlich die viel zitierte „Goldene Regel" bekannt:

☞ **Merke:**
Behandle andere Menschen so, wie du gerne behandelt werden möchtest.

In einem Verkaufstraining fragte ich, ob diese Regel auch für Verkäufer im Umgang mit ihren Kunden Sinn mache. Die Antwort kam schnell: „Ja, natürlich!" riefen einige Teilnehmer. Danach berichtete ich den Teilnehmern von einer interessanten Erfahrung: In einem Coaching hatte ich die Aufgabe, einen jungen Verkäufer vor Beendigung der Probezeit im Außendienst zu begleiten. Beim ersten Verkaufsgespräch fiel mir auf, wie extravertiert er sich dem Kunden gegenüber verhielt. Der Verkäufer verbreitete vom ersten Augenblick an gute Laune. Es wurde viel gelacht, auch über so manchen Witz, den er gekonnt zu erzählen wusste. Und so fiel es dem Kunden nicht schwer, sich für die von dem Verkäufer vorgeschlagene Angebotsalternative zu entscheiden. Ich bin mir sicher, dass dieser Termin für den Käufer sicherlich „angenehm anders als alle Anderen" war. Auch ich war angetan von dieser Stimmungskanone, denn ich fand es toll, wie er es schaffte, diesen Kunden zu begeistern. Anschließend fuhren wir (etwas verspätet) zum nächsten Termin. Ein älterer Herr (ein pensionierter Lehrer) öffnete uns mit ernster Miene die Tür eines Reihenhauses. Vom letzten Termin offensichtlich noch voller Freude, ging mein Coachee mit ein paar spaßigen Worten auf den Herrn zu. Der Kunde reagierte darauf nicht, er zog es stattdessen vor, eine trockene Bemerkung über Pünktlichkeit und Disziplin zu machen. Anschließend versuchte der Verkäufer, mit ein paar lockeren Sprüchen das Eis zu brechen – vergebens. Der Verkäufer hatte mit seiner Art bei diesem Kunden keine Chance, ein erfolgreiches Verkaufsgespräch zu führen. Nach 15 Minuten saßen wir wieder im Auto – ohne Auftrag.

Der Verkäufer war sichtlich verunsichert und fragte mich: „Na, hätten Sie da etwas machen können?" Meine Antwort war: „Nun, Sie hätten die *Platinregel* beachten sollen."

☞ **Merke:**
Behandle andere Menschen so, wie diese gerne behandelt werden möchten.

Dieser Verkäufer war extravertiert und sehr emotional. Er behandelte alle Menschen so, wie *er* gerne behandelt werden wollte. Damit beachtete er zwar die eingangs erläuterte *„goldene Regel"*, aber der pensionierte Lehrer war eher introvertiert und rational. Die beiden verhielten sich zueinander wie „Feuer und Eis". Wäre es ihm möglich gewesen, sich rasch auf die Art des Pensionärs einzustellen, hätten die Chancen für ein Geschäft wesentlich besser gestanden. Folgende Abbildung zeigt recht deutlich die vier grundsätzlichen Wesenszüge:

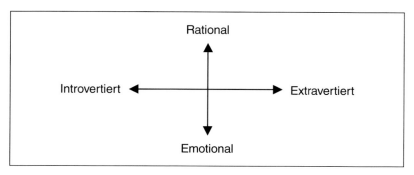

Abbildung 8: Die vier menschlichen Wesenszüge

Es war Hippokrates, der bereits vor ca. 2500 Jahren die erste uns bekannte Typenlehre entwickelte. Er beobachtete vier verschiedene menschliche Grundtemperamente und nannte diese:

Melancholiker (besonnen, fragend)	**Choleriker** (fordernd, willensstark)
Phlegmatiker (mitfühlend, ruhig)	**Sanguiniker** (dynamisch, umgänglich)

Abbildung 9: Die vier Temperamente nach Hippokrates

Danach entstand eine Vielzahl weiterer Modelle. Alle sind natürlich immer nur relativ grobe Hilfsmittel, schließlich ist jeder Mensch ein Individuum. Fest steht jedoch, dass uns im Umgang mit Menschen und speziell im Verkauf einige Modelle hervorragend unterstützen, Menschen schneller richtig einzuschätzen. *Und je besser und schneller Sie sich auf Ihren Gesprächspartner einstellen können, desto leichter entwickelt sich eine gute Kommunikation.* Dies wiederum erzeugt Sympathie und Vertrauen bei Ihrem Gegenüber.

Der wichtigste Mensch ist immer der, der dir gerade gegenübersteht.

Meister Eckhard

Einführung zur 18. Coachingaufgabe

Mit einigen Typen von Menschen fällt es Ihnen immer wieder schwer, erfolgreiche Verkaufsgespräche zu führen. Es sind meistens die Menschen, die aus unserer Sicht etwas „seltsam", weil so anders als wir, sind. Jeder hat eine bestimmte Ausprägung innerhalb der vier grundsätzlichen Wesenszüge (siehe Abbildungen 8 und 9). Am schwersten erscheint der Aufbau einer guten Beziehung zu denjenigen, die eine uns diametral entgegengesetzte Wesensausprägung haben. Diese Tatsache an sich lässt sich nicht ändern, wir können jedoch lernen, flexibler im Verhalten gegenüber anderen Menschen zu werden. Denn ein wichtiger Unterschied zwischen den erfolgreichsten Verkäufern und den weniger erfolgreichen ist die größere Bandbreite von Verhaltensmöglichkeiten. Wenn Sie Abbildung 10 betrachten, so sehen Sie zwei Verkäufer mit unterschiedlicher Flexibilität im Umgang mit den verschiedensten Kundentypen. Während sich der eine Verkäufer nur auf eine recht enge Kundengruppe einstellen kann, deckt der zweite das ganze Spektrum der Kundentypen ab. Es geht also darum, Ihre Bandbreite an Verhaltensmöglichkeiten permanent zu optimieren.

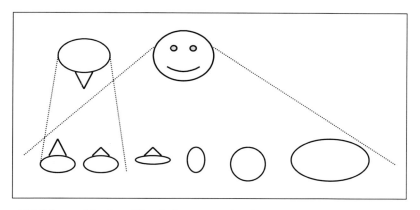

Abbildung 10: Die Flexibilität verschiedener Verkäufer

Dies bedeutet allerdings nicht, dass Sie ab heute mit jedem auf einer Wellenlänge sein müssen. Vielmehr geht es darum, dass Sie in Zukunft auch gut mit Menschen umgehen können (sofern Sie dies wollen), mit denen Sie bisher weniger gut zurechtkamen.

Stark vereinfacht, können wir die folgenden vier Grundtypen unterscheiden:

	Rational	
I n t r o v e r t i e r t	**Der Logiker:** • verhält sich rational, analytisch • wirkt kühl und distanziert • will viel Informationen • braucht viel Zeit für seine Entscheidungen • liebt Ordnung und Pünktlichkeit • schwacher Händedruck, wenig Blickkontakt	**Der Dominante:** • verhält sich dominant, fordernd • wirkt selbstbewusst • will Ergebnisse sehen • trifft schnelle Entscheidungen, sieht vor allem seinen Vorteil • liebt Macht und Anerkennung • starker Händedruck und Blickkontakt
	Der Integrierende: • verhält sich „wir-orientiert" • wirkt ruhig und verbindlich • will harmonische Beziehungen • will es „allen" recht machen • liebt Zuverlässigkeit und Konstanz • nonverbal, abwartend bis herzlich	**Der Entertainer:** • verhält sich offen, dynamisch • wirkt redselig und freundlich • hat gerne Menschen um sich • ist tendenziell unverbindlich, motiviert andere • liebt Abwechslung und Spaß • starke Gestik und Mimik
	Emotional	

Die rechte Seitenbeschriftung lautet: **E x t r a v e r t i e r t**

Abbildung 11: Die vier Grundtypen

In Ihren Verkaufsgesprächen ist jeder dieser Grundtypen vertreten. Den einen als quasi Prototyp, den anderen vielleicht eher als „Mischtyp" zweier Grundtypen. Wichtig: Letztlich ist jeder Mensch ein Individuum und kein bestimmter Verhaltenstyp. Bei diesem Denkmodell geht es vielmehr darum, Ihnen mehr oder weniger typische Denk- und Verhaltensweisen Ihrer Kunden deutlicher zu machen.

Sie selbst können sich auch tendenziell einer bestimmten Richtung zuordnen. Die Menschen, mit denen Sie es bisher am schwersten hatten, sind in aller Regel in dem Feld zu finden, das sich Ihrem diametral gegenüber befindet. Je schneller es Ihnen in Zukunft gelingt, sich diesen Menschen zuzuwenden, deren Verhalten als „o.k." zu akzeptieren und deren „Sprache" zu sprechen, desto leichter werden Sie von diesen Menschen als sympathisch und vertrauenswürdig eingeschätzt!

Gleich und Gleich gesellt sich gern.

Meine Erfolgsaufgaben für den 18. Tag

1. Ich nehme mir ca. 15 Minuten Zeit, um folgende Aufgaben am besten gleich morgens *schriftlich* zu erledigen:

   Ich beschreibe den Menschentyp, der mir im Verkauf am wenigsten liegt:

   . . . .

   . . . .

   . . . .

Was ist es konkret, was aus meiner Sicht eine gute Kommunikation zwischen diesem Typus und meiner Art so schwer macht?

. . . .
. . . .
. . . .

Wie erlebt mich dieser Menschen möglicherweise aus seiner Sicht?

. . . .
. . . .
. . . .

Was werde ich konkret an meiner Einstellung und meinem Verhalten gegenüber diesem Menschentyp verändern, um eine bessere Kommunikation zu ermöglichen?

. . . .
. . . .
. . . .

2. Am Abend ziehe ich *schriftlich* folgendes Tagesresümee:

Was hat mich heute meinen wichtigsten Zielen näher gebracht?

. . . .
. . . .
. . . .

Was lief weniger gut und was kann ich daraus lernen?

. . . .
. . . .
. . . .

Wie sieht es mit der Umsetzung der bisherigen Coachingthemen aus? (Lesen Sie dazu Ihre bisherigen Notizen der für Sie wichtigsten Kapitel nochmals durch.)

. . . .

. . . .

. . . .

Welche Konsequenzen ziehe ich daraus?

. . . .

. . . .

. . . .

Wann mache ich mich an das morgige Coachingthema?

. . . .

Erfolgskontrolle: Alles erledigt? ❏ Ja ❏ Nein

Über diesen Spruch sollten Sie sich vor dem Einschafen Gedanken machen:

Wie ich dir begegnen möchte: Ich möchte dich lieben, ohne dich einzuengen, dich wertschätzen, ohne dich zu bewerten, dich ernst nehmen, ohne dich auf etwas festzulegen, zu dir kommen, ohne mich aufzudrängen, dich einladen, ohne Forderungen an dich zu stellen, dir etwas schenken, ohne Erwartungen daran zu knüpfen, mich von dir verabschieden, ohne Wesentliches versäumt zu haben. Dir meine Gefühle mitteilen, ohne dich dafür verantwortlich zu machen, dich informieren, ohne dich zu belehren, dir helfen, ohne dich zu beleidigen, mich an dir freuen – so wie du bist!

Alter englischer Wanderspruch

19. Tag: Entwickeln Sie ein effektives Zeit- und Zielmanagement

Sie haben Erfolg im Beruf ohne ungesunden Stress und genügend Zeit, die Früchte Ihres Erfolgs in Ruhe mit Ihren Liebsten zu genießen. Darüber hinaus haben Sie noch ausreichend Zeit für Weiterbildung, Hobby, Sport, Freunde und ein paar stille Stunden der Muße mit sich selbst.

Habe ich gerade Ihre erlebte Realität treffend beschrieben oder Ihre Vision von einem erfüllten Leben? Bei vielen Menschen, die als beruflich erfolgreich gelten, herrschen zwischen den verschiedenen Lebensbereichen beträchtliche Spannungen. Ein wesentlicher Grund ist vor allem der Umgang mit der Zeit. Warum kommen heute eigentlich so wenige beruflich aktive Menschen mit ihrer Zeit klar? Überall wird über die hohe Arbeitsbelastung geklagt. „Der Tag müsste 25 Stunden haben", hört man nicht selten. Mit dem Problem des Zeitnotstands und dessen Lösung hat sich der amerikanische Berater Steven Covey eingehend beschäftigt. Sein anschauliches „Kiesel-Modell" möchte ich Ihnen hier nicht vorenthalten:

Beispiel:

Stellen Sie sich einen mit großen Kieselsteinen vollständig gefüllten Eimer vor. Auf die Frage, ob dieser Eimer voll ist, würden Sie vielleicht spontan ja sagen. Tatsächlich passen jedoch noch jede Menge kleiner Kieselsteinchen hinein. Auf die erneute Frage, ob der Eimer jetzt voll ist, antworten Sie, dass durch kräftiges Rütteln noch Sand Platz finden würde. Gesagt, getan, ein ganzes Pfund feiner Sand verschwindet wieder im Eimer. Sie haben das Spiel längst durchschaut und wissen, dass auch noch Wasser hineinpasst. Noch über ein Liter Wasser läuft anschließend ohne Probleme in den Eimer. Dann nehme ich die großen Kieselsteine vorsich-

tig aus dem Eimer. Jetzt frage ich Sie: „Passen diese Steine jetzt wieder in den mit den übrigen Dingen gefüllten Eimer hinein?" Klare Antwort: „Nein, da jetzt die Zwischenräume der Steine nicht mehr genutzt werden können."

Was ist die Moral von der Geschichte? Der Eimer stellt Ihre Woche dar, die großen Kieselsteine Ihre „Big Points" (z.B. wichtige Kundentermine, Familie, Weiterbildung, Gesundheit usw.), die kleinen Steinchen stehen für Ihre kleineren Aufgaben (Angebote schreiben, Telefonate mit Kunden), der Sand stellvertretend für Kleinigkeiten (Kopieren, Ablage, Rundschreiben etc.), das Wasser versinnbildlicht die kaum nutzbringende Zeit (Warten, Suchen, Zigarettenpausen, erfolglose telefonische Wählversuche, das zehn Minuten lange Schwätzchen am Telefon mit dem Kollegen etc.). Das Hauptproblem der meisten Menschen im Umgang mit der Zeit liegt darin, dass es ihnen geht wie im obigen Eimerbeispiel. In dem Eimer befindet sich bereits alles, außer den großen Steinen. So ist der Tag stets gut gefüllt mit dringlichen reaktiven Aufgaben (Rückrufe, Sachbearbeitung usw.).

Da der Geist ein spezieller Biocomputer ist, muss man ihm spezielle Instruktionen und Anweisungen geben. Der Grund dafür, dass die meisten Leute ihre Ziele nicht erreichen, ist der, dass sie sie nicht definieren, sich nicht über sie informieren, sie nicht einmal daraufhin prüfen, ob sie glaubhaft oder erreichbar sind.

Gewinner wissen, wohin ihr Weg geht, was sie zu tun gedenken und wer mit ihnen das Abenteuer wagen wird.

Denis Waitley

Wer seine wichtigsten Wochenziele fest einplant, bekommt alle weniger wichtigen Dinge auch noch geregelt – anders herum funktioniert es meist nicht!

Ein Teil der wichtigsten Dinge (die „Big Points" des Lebens) aber wird zu oft aufgeschoben oder bleibt ganz auf der Strecke. Dies ist auf Dauer uneffektiv und natürlich auch unbefriedigend. Die wenigsten Verkäufer legen in ihrer Wochenplanung die wichtigsten Aktivitäten für ihre Wochenziele (privat wie geschäftlich) zeitlich fest. Allenfalls werden die berufliche Ziele geplant, dadurch kommen natürlich permanent die übrigen Lebensbereiche zu kurz. Frust in der Partnerschaft und Übergewicht sind nur zwei von vielen negativen Auswirkungen von mangelnder Zeit- und Zielplanung.

Es soll nicht genügen, dass man Schritte tue, die einst zum Ziele führen, sondern jeder Schritt soll Ziel sein und als Schritt gelten.

Johann Wolfgang von Goethe

Einführung zur 19. Coachingaufgabe

Um Ihre Zeit besser in den Griff zu bekommen, brauchen Sie weniger ein Zeitmanagement im klassischen Sinne, denn *Zeit ist das Mittel, nicht das Ziel.* Sie sollten deshalb nicht Ihre Zeit managen, sondern Ihre Ziele! Also benötigen Sie ein ganzheitliches, effektives Zielmanagement, um in der Zukunft die vorhandene Zeit effektiv nutzen zu können. Über den Vorteil von Wochenzielen sind Sie ja bereits informiert (siehe 10. und 11. Tag). Wie sieht ein ganzheitliches Zielmanagement aus? Jeder versteht, dass unser Leben nicht nur aus Arbeit bestehen kann. Um auf Dauer ein erfülltes Leben zu führen, müssen noch verschiedene andere Zielbereiche berücksichtigt werden:

➤ Partnerschaft, Familie

➤ Gesundheit und körperliches Wohlbefinden

➤ geistige Entwicklung, Reflexion, Planung

➤ gesellschaftliche Ereignisse, soziales Engagement, Freunde

➤ Hobbys

Der Zeitbedarf für die einzelnen Punkte ist bei jedem Menschen unterschiedlich. Kommt es jedoch auf Dauer zu einem Defizit in einem oder mehreren Bereichen, wirkt es sich mehr oder weniger stark auf alle übrigen aus. Ein Beispiel: keine Zeit für Hobby – Unzufriedenheit – schlechte Stimmung – die Harmonie in der Partnerschaft wird gestört – weniger Lust auf Arbeit – weniger Kundenbesuche – geringeres Einkommen usw.

Daher ist es wichtig, dass Sie sich darüber klar werden, was Ihre „Big Points" im Leben sind. Im zweiten Schritt geht es um die Ableitung entsprechender Ziele, im dritten Schritt um die wöchentliche Umsetzung der festgelegten Ziele. Wer sich diese wichtige Planungszeit nicht nimmt, braucht sich nicht zu wundern, wenn er zum Beispiel die angestrebte Fremdsprache nach fünf Jahren immer noch nicht begonnen hat zu lernen. Denken Sie daran: der Eimer (Ihre Woche) füllt sich immer, die Frage ist nur womit!

Wissen Sie eigentlich, was der am weitesten verbreitete Sprachfehler ist? Antwort: *Die Unfähigkeit, „nein" zu sagen.* Nein, zu allem, was nicht zu unserem Lebensstil oder unseren Zielen passt. Seien Sie sich also stets folgender Erkenntnis bewusst:

☞ **Merke:**
Je weniger klar ich weiß, was ich will, desto mehr werde ich von anderen eingespannt, deren Ziele zu verwirklichen!

Die meisten Verkäufer sind erstaunt, was mit einer entsprechenden Zielplanung in einer Woche alles machbar ist. Dies liegt unter anderem daran, dass wir Zeit durch unser Bewusstsein dehnen oder auch stauchen können. Beispiel: Eine halbe Stunde Vollgas auf der leeren Autobahn vergeht schneller als das Warten in einem Stau bei sengender Hitze ohne Handy. Dieser subjektive Effekt lässt sich auf unsere Arbeitsweise übertragen. In der Arbeitsmethodik gibt es folgenden Lehrsatz: „Die benötigte Zeit für eine zu erledigende Arbeit breitet sich in dem Maße aus wie sie vorhanden ist." Wenn Sie beispielsweise im Internet ohne klare Ziel- und Zeitplanung surfen, dann surfen Sie sicherlich länger und uneffektiver als nötig. Hinterher haben Sie wahrscheinlich auch noch ein schlechtes Gewissen: „Was, schon wieder 10 Uhr, jetzt muss ich aber wirklich mit dem Telefonieren anfangen!"

☛ **Tipp:**
Legen Sie sich für solche Fälle einen Küchenwecker zu. Setzen Sie bei den vielen kleinen Tagesaktivitäten (Telefonate, Angebote schreiben, Fachzeitschrift lesen etc.) klare Ziele und setzen Sie vorher die dafür angestrebte Zeit fest. Wenn der Küchenwecker klingelt, werden Sie deutlich an Ihr Zeitlimit erinnert. So gewinnen Sie Zeit für die vernachlässigten Lebensbereiche wie Gesundheit oder Partnerschaft.

Ihr Leben rast dahin und wie lange es noch dauern wird, wissen Sie nicht. Worauf warten Sie also noch? Leben Sie Ihr Leben! Bringen Sie in Ihr Leben die Lebensqualität, die Sie haben wollen. Sonst besteht die Gefahr, dass es Ihnen ergeht wie denjenigen, die am Ende des Lebens sagen: „Ach, hätte ich doch nur mehr das getan, was mir Spaß gemacht hat." Dies zu verhindern, gelingt Ihnen dann am besten, wenn Sie sich heute ein wenig Zeit nehmen, um Ihre „Big Points" klar zu definieren und anschließend entsprechende Ziele abzuleiten, die dann Woche für Woche umgesetzt werden. So investieren Sie übers Jahr in kleinen, aber realistischen Schritten viel mehr Zeit in die Dinge, die Sie wirklich weiterbringen, statt immer nur auf einen günstigeren Zeitpunkt zu warten. Übrigens:

☛ **Tipp:**
Wer täglich konsequent nur eine halbe Stunde mit den Dingen Zeit verbringt, die ihm wichtig sind, hat über das gesamte Jahr immerhin einen ganzen Arbeitsmonat darin investiert!

Ich empfehle Ihnen, auch Ihren Tagesplan schon am Vorabend zu erstellen. So kann Ihr Geist über Nacht bereits Ideen für die anstehenden Aufgaben entwickeln. Der zweite Grund ist die Tatsache, dass der Tagesstart ohne klaren Plan kaum effektiv ist.

Was spricht dagegen, dass Sie sich neben Ihren „normalen" Tageszielen auch ein „110-Prozent-Ziel" setzen? Sie wissen ja bereits, wie gut die letzten 10 Prozent vom Leben honoriert werden.

Achte gut auf diesen Tag,

denn er ist das Leben – das Leben allen Lebens. In seinem kurzen Ablauf liegt alle Wichtigkeit und Wahrheit des Denkens, die Wonne des Wachsens, die Größe der Tat, die Herrlichkeit der Kraft. Denn das Gestern ist nichts als ein Traum und das Morgen nur eine Vision. Das Heute jedoch – recht gelebt – macht jedes Gestern zu einem Traum voller Glück und das Morgen zu einer Vision voller Hoffnung.

Darum achte gut auf diesen Tag.

Aus dem Sanskrit

☞ **Tipp:**
Machen Sie sich die bewährte Methode großer Staatsmänner wie Benjamin Franklin und Abraham Lincoln zu Eigen, *den Arbeitstag immer mit schwierigen oder großen Aufgaben zu beginnen.* Dadurch haben Sie gleich zu Beginn ein Erfolgserlebnis, das Ihnen Selbstbewusstsein für weitere große Herausforderungen liefert. Viele Berufstätige machen leider genau das Gegenteil, sie schieben Unangenehmes permanent auf. Das Resultat ist bekannt, das schlechte Gewissen raubt ihnen den Spaß bei der Arbeit, und ihr Unterbewusstes wird dadurch auf Dauer mit Gefühlen des Versagens regelrecht vergiftet. Welche Aufgabe/Tätigkeit erledigen Sie gleich am nächsten Morgen?

Meine Erfolgsaufgaben für den 19. Tag

Ich nehme mir im Laufe des Tages mindestens 45 Minuten Zeit, um folgende Aufgaben *schriftlich* zu bearbeiten:

1. Ich schreibe mir zu den nachstehenden Lebensbereichen alle meine großen und kleinen Wünsche in unbestimmter Reihenfolge auf:

   Partnerschaft und Familie:

   . . . .
   . . . .
   . . . .

   Beruf und Karriere:

   . . . .
   . . . .
   . . . .

   Körper, Gesundheit, Sport:

   . . . .
   . . . .
   . . . .

   Seelische und geistige Entwicklung, Weiterbildung:

   . . . .
   . . . .
   . . . .

   Gesellschaft, Humanitäres, Freunde:

   . . . .
   . . . .
   . . . .

Hobbys und Sonstiges:

. . . .

. . . .

. . . .

2. Ich erstelle eine Rangfolge nach Wichtigkeit der einzelnen Wünsche für die jeweiligen Lebensbereiche und notiere die jeweils wichtigsten nachstehend:

a) . . . .

b) . . . .

c) . . . .

d) . . . .

e) . . . .

f) . . . .

3. Ich notiere mir, welche besonders wichtigen Wünsche bei meiner bisherigen Zeiteinteilung nicht oder zu wenig berücksichtigt werden:

. . . .

. . . .

. . . .

4. Ich definiere aus diesen Wünschen klare Ziele (siehe 3. Tag, Seite 42) und entwickle daraus entsprechende Wochenziele und passende Maßnahmen. Anschließend formuliere ich jeweils eine Sofortmaßnahme, die ich innerhalb von 78 Stunden umsetze.

Beispiel:

Wichtiger, aber bisher nicht ernsthaft angestrebter Wunsch „Idealgewicht". Ziel: Ich wiege am 01.06.20XX zwischen 70 und 73 Kilo, dieses Gewicht halte ich ohne einschränkende

Diäten dauerhaft. Wochenziel: Jede Woche drei- bis fünfmal mindestens 25 Minuten Joggen. Feste Tage sind Montag, Mittwoch, Freitag, immer um 7.00 Uhr, an den anderen Tagen entscheide ich mich spontan. Bei schlechtem Wetter: Hometrainer. Meine Sofortmaßnahme: Morgen vor dem Termin bei Herrn Schulz Pulsmesser und neue Joggingschuhe kaufen.

5. Am Abend erledige ich noch folgende Aufgaben:

Erstellen Sie eine „Idealwoche", in der alle Ihre Zielbereiche (Big points) ausreichend Raum erhalten. Verwenden Sie hierzu entweder die Vorlage der Abbildung 12 auf Seite 171 oder nehmen Sie ein DIN-A4-Blatt.

Was waren heute meine wichtigsten Erkenntnisse und was lerne ich daraus?

. . . .

. . . .

. . . .

Wann nehme ich mir morgen Zeit für das 20. Coachingthema?

. . . .

Erfolgskontrolle: Alles erledigt? ❏ Ja ❏ Nein

Es gibt im Leben zwei Sünden, die es zu vermeiden gilt: zu wünschen, ohne zu handeln, und zu handeln ohne Ziel!

Alte Lebensweisheit

Zeit	Montag	Dienstag	Mittwoch	Donnerstag	Freitag	Samstag	Sonntag
06.00							
06.30							
07.00							
07.30							
08.00							
08.30							
09.00							
09.30							
10.00							
10.30							
11.00							
11.30							
12.00							
12.30							
13.00							
13.30							
14.00							
14.30							
15.00							
15.30							
16.00							
16.30							
17.00							
17.30							
18.00							
18.30							
19.00							
19.30							
20.00							
20.30							
21.00							
21.30							
22.00							
22.30							
23.00							

Meine ideale Woche

Abbildung 12: Wochenübersicht

171

Die folgenden Tipps bieten Ihnen weitere sinnvolle Anregungen für Ihre optimale Woche. Prüfen Sie, welcher der Tipps für Sie künftig bei Beachtung einen Nutzen bieten kann.

Zehn Tipps für ein erfolgreiches Zeit- und Zielmanagement

1. Planen Sie schriftlich

Schreiben Sie alles auf, was Sie erledigen wollen: Termine, Aktivitäten, Telefonate, Korrespondenzen. Sie entlasten Ihr Gedächtnis und konzentrieren sich auf das Wesentliche. Machen Sie die Schriftlichkeit zu Ihrem Arbeitsprinzip Nr. 1.
Ein niedergeschriebener Plan hat den psychologischen Effekt einer Selbstmotivation zur Arbeit. Außerdem können Sie später Ihre Aktivitäten besser kontrollieren.

2. Definieren Sie Ziele

Nur derjenige, der seine Ziele auch definiert hat, behält in der Hektik des Tagesgeschehens den Überblick, setzt auch unter großer Arbeitsbelastung die richtigen Prioritäten und versteht es, seine Fähigkeiten optimal einzusetzen, um schnell und sicher das Gewünschte zu erreichen. Wer bewusst Ziele hat und verfolgt, richtet auch seine unterbewussten Kräfte auf sein Tun aus.

3. Verwenden Sie Tagespläne

Gewöhnen Sie sich an, den Arbeitstag bereits am Ende des Vortages zu planen: Visualisieren Sie den Ablauf des Folgetages. Schon auf dem Weg nach Hause und dem morgendlichen Weg ins Büro verarbeitet Ihr Unterbewusstsein diese Aufgaben und hält mögliche Lösungen bereit. Da Sie nun Ihre Hauptaufgabe vor Augen und Lösungsansätze im Hintergrund haben, steht Ihnen der neue Tag jetzt plan- und greifbar bevor. Sie lassen sich dann weniger leicht durch Nebensächlichkeiten ablenken.

4. Berücksichtigen Sie Pufferzeiten

Legen Sie bei Ihrer Tagesplanung auch eine Zeit fest, in der dies geschehen soll, und verplanen Sie nicht mehr als 50 Prozent des Arbeitstages. Die anderen 50 Prozent müssen Sie für unvorhergesehene, spontane und soziale Aktivitäten freihalten. Unterbrechungen, Besucher, Telefonate, Privatgespräche, Leerlauf können Sie nicht auf Null zurückschrauben. Alles andere ist unrealistisch, sonst (ver-)planen Sie mehr, als Sie erledigen können. Denn Stress kommt nicht von den Dingen, die wir erledigt haben, sondern von dem, was wir nicht bewältigt haben. Was wir nicht schaffen, das schafft uns.

5. Setzen Sie Prioritäten

Viele verbringen ihre meiste Zeit damit, sich um viele relativ nebensächliche Probleme und Aufgaben zu kümmern, statt sich auf wenige, aber lebenswichtige Aktivitäten zu konzentrieren. Oft erbringen bereits 20 Prozent der strategisch richtig eingesetzten Zeit und Energie 80 Prozent der Ergebnisse (Pareto-Prinzip). Auch wenn Sie viele Dinge tun müssen – widmen Sie sich während einer bestimmen Zeit nur einer einzigen Aufgabe. Legen Sie eindeutige Prioritäten nach der ABC-Analyse fest.

➤ A für die wichtigsten Aufgaben (nicht delegierbar)
➤ B für durchschnittlich wichtige Aufgaben (delegierbar)
➤ C für Kleinkram, Routineaufgaben, Papierkram

Planen Sie nur ein bis zwei A-Aufgaben und zwei bis drei B-Aufgaben pro Tag ein, der Rest sind C-Aufgaben. Mehr ist an einem Tag ohnehin nicht erreichbar. Viele ziehen es jedoch vor, Dinge richtig zu tun, anstatt die richtigen Dinge zu tun!

6. Kontrollieren Sie das Unerledigte

Überprüfen Sie jeden Abend, welche Aufgaben nicht erledigt werden konnten und auf den nächsten Tag übertragen werden müssen. Dinge, die nicht fortgeschrieben werden, gehen sonst unweigerlich verloren. Das Übertragen von Unerledigtem hat zwei Vorteile: Wenn Sie eine Sache immer wieder verschoben haben, werden Sie diese abhaken wollen und tun es (Erledigungszwang). Die andere Möglichkeit ist: Sie stellen schließlich fest, dass diese Arbeit wohl doch nicht so wichtig war und streichen sie – womit sich die Sache von selbst erledigt.

7. Beachten Sie die Leistungskurve

Jeder Mensch ist in seinen Leistungsfähigkeiten während des ganzen Tages biorhythmischen Schwankungen unterworfen. Trotz individueller Unterschiede kann man Folgendes feststellen: Der Leistungshöhepunkt liegt am Vormittag. Hier sollten Sie die Erledigung der komplizierten und wichtigen Dinge (A-Aufgaben) einplanen. Im berühmten Leistungstief nach dem Essen sollten Sie soziale Kontakte und Routine-tätigkeiten (C-Aufgaben) wahrnehmen. Nach dem Anstieg der Leistungskurve am späten Nachmittag können Sie sich wieder wichtigeren Aktivitäten (B-Aufgaben) zuwenden. Indem Sie die Gesetzmäßigkeiten Ihres Organismus nutzen, können Sie ohne Mehraufwand Ihre Produktivität erheblich steigern.

8. Reservieren Sie eine „stille Stunde"

Viele erledigen die „eigentliche" Arbeit erst nach offiziellem Dienstschluss, weil sie wegen zahlreicher Störungen tags-über keine Zeit dafür finden.

Wer jedoch Termine mit anderen wahrnimmt, wird während dieser Zeit in der Regel nicht gestört. Nach diesem Prinzip funktioniert die „stille Stunde": Sie ist ein Termin mit sich selbst, eine persönliche Sperrzeit. Tragen Sie diese Zeit für konzentriertes, persönliches Arbeiten (A-Aufgaben) wie andere Termine in Ihren Tagesplan ein und schirmen Sie sich währenddessen ab. Anrufe und Besucher werden später nach der Rückruf- oder Rücksprachemethode erledigt. Niemand muss immer erreichbar und persönlich sprechbar sein. Bei Konferenzen geht es ja auch!

9. Führen Sie durch Delegation

Wer delegiert, führt! Wer nicht delegiert, der betreibt auch kein effektives (Zeit-)Management. Die Delegation ist die Schlüsseltätigkeit jedes Arbeitsmethodikers und jeder Füh-rungskraft überhaupt. Management by Delegation bedeutet Zeitgewinn und Selbstentlastung für die Führungskraft einer-seits und Kompetenzerweiterung und Personalentwicklung für den Mitarbeiter andererseits, also Vorteile für beide Sei-ten. Bei einem erfolgreichen Delegationsauftrag sollten fol-gende Punkte geklärt sein (Delegation-Checkup):

- ➤ Was soll getan werden? (Thema, Inhalt)
- ➤ Wer soll es tun? (Person)
- ➤ Warum soll er es tun? (Ziel)
- ➤ Wie soll er es tun? (Umfang, Details, Kompetenzen)
- ➤ Bis wann soll er es tun? (Termin)

10. Bleiben Sie konsequent

Techniken, Methoden und Zeitplanbuch sind nur ein Teil ei-nes erfolgreichen Zeitmanagements. Es ist die einfachere Seite. Einstellung, Verhalten und Selbstdisziplin sind die an-dere, und zwar die schwierigere Seite. Der Mensch wird

174

weniger von Ratio und Logik (Zeitplanbuch als System und Hilfsmittel), sondern überwiegend von Psyche und Unterbewusstsein gesteuert. Das eine geht ohne das andere nicht, aber das Gefühl dominiert gewöhnlich über den Verstand. Darum werden Konsequenz, Selbstdisziplin, Aufschieberitis oder Überwindung des „Inneren Schweinehundes" trotz Benutzung eines Zeitplanbuches immer wieder als Hauptschwierigkeit beim Zeitmanagement in der Praxis angegeben. Aktivieren Sie Ihr Unterbewusstes und motivieren Sie sich positiv – bleiben Sie konsequent! Ein persisches Sprichwort lautet: „Alle Dinge sind schwer, bevor sie leicht werden."

Quelle: Management Wissen 12/99

20. Tag: Kultivieren Sie eine Gewinner-Einstellung

Was ist der kleine Unterschied, der den großen Unterschied ausmacht? Zahllose Studien über Gewinnertypen wurden in den letzten 100 Jahren erarbeitet. Vieles aus den Ergebnissen dieser Studien haben Sie bereits in den letzten 19 Tagen aktiv in die Tat umgesetzt. Heute geht es vor allem um die Denkweise und die innere Einstellung, die Sie für mehr Erfolg in Ihrem Leben kultivieren sollten.

Der amerikanische Erfinder Charles E. Kettering bringt es mit einer Erkenntnis auf den Punkt:

☛ **Merke:**
Ich habe erkannt, wenn ich zu mir und zu der Idee, die mich gerade beschäftigt, Vertrauen habe, bin ich in der Regel erfolgreich.

Und der weltberühmte Dichter William Shakespeare erläutert uns in seiner Genialität, wie es nicht geht:

Unsere Zweifel sind Verräter und häufig die Ursache für den Verlust von Dingen, die wir gewinnen könnten, scheuten wir nicht den Versuch.

Klar, Gewinner haben Vertrauen in sich selbst und verschwenden ihre Zeit nicht mit Selbstzweifeln oder angsterfüllten Gedanken an die Zukunft, nach dem Motto: Ein schlechter Start ist besser als keiner. Diese für den Erfolg so wichtige Einstellung können wir auch mir dem *„Jetzt-anfangen-Reflex"* umschreiben. Der Reflex, Erfolgversprechendes sofort in die Praxis umzusetzen, auch auf die Gefahr hin, Fehler zu machen. Denn dieser Reflex fehlt den meisten Verkäufern, sie haben Angst, Fehler zu machen. So werden beispielsweise neue Ideen für die Neukundenakquise zwar als sinnvoll erkannt, aber nicht begonnen. Das Ergebnis: Der Alltagstrott ändert sich nicht – aber die Anforderungen des Marktes steigen stetig. Wenn dann der Erfolg allmählich nachlässt, wird den Umständen die Verantwortung zugesprochen. Wie sieht es bei Ihnen aus, setzten Sie neue Ideen oder Erkenntnisse bereits zielstrebig in die Tat um und messen deren Effekt in Ihrem persönlichen KVP (**K**ontinuierlicher **V**erbesserungs**p**rozess)?

Es ist keine Schande hinzufallen, aber liegen zu bleiben ist für den Erfolg unverzeihlich.

Aber wenn mit dem Anfangen schon alles erledigt wäre, dann müssten noch viel mehr Menschen überdurchschnittlich erfolgreich sein. Nein, Anfangen alleine bringt noch nicht den großen Erfolg. Das erfolgreiche Beenden eines Vorhabens ist der entscheidende Erfolgsfaktor. Durch die Einstellung, *„egal, was kommt, ich werde es schaffen"*, unterscheiden sich die wenigen wirklich Erfolgreichen von den vielen, die einfach nur mal probieren.

Die Geschichte liefert uns großartige Beispiele von Menschen, die nicht locker ließen und – allen Widerständen zum Trotz – bis zum Erfolg durchhielten. Steven begann als einfacher Beleuchtungsassistent im Film, träumte beim Kabelschleppen davon, später selbst Filme zu drehen. Voller Begeisterung fing er eines Tages an, seinen Traum vom Regisseur in die Tat umzusetzen. Monat für Monat arbeitete er nächtelang neben seinem Job an seinem ersten Drehbuch. Darin ging es um eine rührende Geschichte mit einem Außerirdischen namens E.T. Vergebens lief er nach Fertigstellung zu allen großen Filmstudios. Keiner wollte diesem Nobody eine Chance geben, er aber glaubte an sich und an den Film, ließ sich nicht von seinem Plan abbringen und suchte weiter nach einem Partner für sein Filmprojekt. Schließlich überzeugte er ein kleines Studio – und der Streifen wurde zu einem der größten Kinohits! Heute gilt Steven Spielberg unbestritten als der erfolgreichste Regisseur aller Zeiten.

Hasso Plattner und einer seiner IBM-Kollegen wollten sich selbständig machen. Ihre Idee: Eine funktionale Standardsoftware für Industriebetriebe. Sie brauchten dazu jedoch ein Gründerdarlehen über 50 000 Euro. Alle Großbanken ließen die beiden wegen ungenügender Sicherheiten abblitzen. Doch die beiden gaben nicht auf. Nach zahllosen erfolglosen Gesprächen fand sich schließlich ein kleines Geldinstitut mit Mut zum Risiko – mit Erfolg! Es entstand *das* deutsche Hightech-Vorzeigeunternehmen der Nachkriegszeit, die Rede ist vom Softwaregiganten SAP AG.

Einführung zur 20. Coachingaufgabe

Meiner Erfahrung nach kann man alle Verkäufer in drei Kategorien einteilen:

Die ersten sind diejenigen, die weder den *„Jetzt-anfangen-Reflex"* noch die *„Nicht-locker-lassen-Einstellung"* haben. Diese Verkäufer sind in ihrem Beruf in der Regel weder erfolgreich noch glücklich. Sie stehen meist auf der so genannten „Abschussliste". Fragt man diese Verkäufer, worin sie ihren Misserfolg begründen, so kommen vielerlei Erklärungen. Leider sind diese Verkäufer meist nicht bereit, ihre Einstellung zu ändern oder aus ihrer Komfortzone herauszugehen und somit „coachingresistent".

Die Verkäufer der zweiten Kategorie sind offen für Tipps und Ideen, fangen an, Neues auszuprobieren, aber dabei bleibt es auch. Mit den ersten Umsetzungsschwierigkeiten fallen sie wieder in ihre alten Gewohnheiten und Verhaltensmuster zurück. So ergeht es übrigens auch den meisten Jobwechslern, denn eine andere Firma ändert noch keinen Verkaufsstil! Sie verkennen häufig ein wichtiges Entwicklungsgesetz:

Wer besser werden will, wird meist zunächst einmal schlechter!

Stellen Sie sich einen Tennisspieler vor, dem eine effektivere Spieltechnik durch einen Proficoach beigebracht wird. Sobald er seine gewohnte Technik aufgibt, fällt er aus seiner Sicherheit heraus. Er wird sich zunächst darauf konzentrieren, bewusst die neue, für ihn ungewohnte Technik einzuüben. Seine Spielstärke wird in dieser Phase deutlich zurückgehen. Nach einer gewissen Übungszeit steigert sich dann seine Spielstärke merklich.

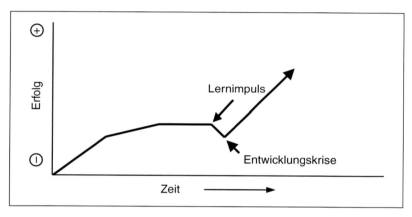

Abbildung 13: Erfolgskurve

Die Verkäufer, die aber immer nur etwas Neues „versuchen", stellen beim Versuch immer nur fest, dass sie (im Augenblick) schlechter werden. Interessanterweise werde ich gerade von diesem Verkäufertypus bei Verkaufstrainings gefragt, ob es denn etwas Neues auf dem Gebiet des Verkaufens gebe. Nach dem Motto: Die bisherigen Tools haben in der Theorie zwar gut geklungen, aber in der Praxis funktionierten sie nicht ... Solange es immer beim Versuchen bleibt, ist Coaching vergebene Liebesmüh.

Die raren Verkäufer der dritten Kategorie sind die Topseller! Sie sind ständig bestrebt, ihre Stärken auszubauen, nicht offen für alle Innovationen, aber wenn sie eine Idee als richtig erkannt haben, setzen sie diese selbst gegen alle Widerstände um. Sie prüfen kritisch, ob neue Techniken, Methoden oder Trends ihnen wirklich etwas bringen, wenn ja, dann wird nicht versucht, sondern gemacht. Schauen Sie sich in Ihrem Kollegenkreis um: die Kollegen, die das Wissen in diesem Buch am nötigsten hätten, werden es nicht bis zu dieser Stelle lesen und durcharbeiten. Ich bin mir sicher, wenn Sie mit der erforderlichen Konsequenz bis zu diesem Punkt gekommen sind, gehören Sie zur dritten Gruppe. Sie werden deshalb auch den wohlverdienten Lohn für Ihre investierte Zeit bekommen.

Wir können so tun, als gäbe es einen Gott, uns so fühlen, als wären wir frei, die Natur betrachten, als wäre sie planvoll gestaltet, Pläne machen, als wären wir unsterblich, und stellen dann fest, dass diese Worte wahrlich eine Veränderung in unserem moralischen Leben bewirken.

Wiliam James

Meine Erfolgsaufgaben für den 20. Tag

1. Ich nehme mir möglichst noch in der ersten Tageshälfte ca. 20 Minuten Zeit, um folgende Aufgaben schriftlich zu bearbeiten:

   Da ein wichtiger Erfolgsfaktor der „Jetzt-anfangen-Reflex" ist, werde ich diesen Reflex heute trainieren. Ich überlege mir, was ich seit längerem schon vor mir herschiebe (Schreibtisch aufräumen, XY anrufen, jemandem ein Geschenk machen, Neukundenakquise oder Auto waschen etc.)

. . . .
. . . .
. . . .

Anschließend entscheide ich, wann ich diese Dinge erledigen werde, ich setze mir also konkrete Termine. Die Termine sollten allerdings nicht weiter als drei Tage entfernt liegen!

☞ **Tipp:**

Um das tatsächliche Handeln zu erleichtern, macht es durchaus Sinn, sich so genannte „Miniziele" zu setzen. Statt also zu sagen: „Heute räume ich meinen Schreibtisch auf" mit der Aussicht auf einen öden Zwei-Stunden-Job, sage ich lieber: „Heute beginne ich meinen Schreibtisch aufzuräumen", damit haben Sie erst einmal Ihr schlechtes Gewissen beruhigt und wenn Sie erst einmal dabei sind, können Sie sich ohnehin nicht mehr bremsen.

☞ **Tipp:**

Mit „Minizielen", die quasi den ersten Schritt auslösen, überwinden wir unseren inneren Schweinehund oft leichter als mit der Vorstellung, tausend Schritte laufen zu müssen.

2. Am Abend trainiere ich meine „Egal-was-kommt, ich-werde es-schaffen"-Einstellung. Ich mache mir auf einem Blatt (siehe Muster) eine Liste von noch unvollendeten Aufgaben und Projekten, die derzeit ins Stocken geraten sind (Fremdsprache lernen, Buch X zu Ende lesen, Jahresziel erreichen, Ziel Y erreichen, laufendes Projekt Z zu Ende bringen etc.).

Danach gehe ich so vor, wie in Abbildung 14 beschrieben.

Dieses Prozessraster kann übrigens hervorragend als Problemlösungstechnik oder Zielfindungsprozess für ganze Teams herangezogen werden.

Projekt-Beschrei-bung:	Was ist das konkrete Ziel?	Wie sieht der Ist-Zustand aus?	Was sind die Konsequenzen, wenn nichts sich ändert?	Welche Lösungswege sehe ich?	Welcher Weg spricht mich am meisten an?	Was sind die Vorteile für mich, diesen Lösungsweg zu gehen?	Was werde ich konkret bis wann tun?
Neukunden-gewinnung	20 Neukunden in diesem Jahr	Habe bis 15. September erst 9 neue Kunden gewonnen!	Verlust der Bonifikation für die Neukundengewinnung	1. auf Bonifikation verzichten 2. 11 Kunden noch bis Dezember gewinnen!	Der 2. Weg	Die Bonifikation, mehr Einkommen, mehr interessante Gespräche, eine größere Herausforderung, mehr Zufriedenheit mit mir selbst, das Gefühl, es geschafft zu haben!	1. Konsequentes Empfehlungsgeschäft! 2. Teilziele setzen (je Woche mind. 1 Neukunde!) 3. Wunschkundenliste erarbeiten und telefonisch akquirieren!

Abbildung 14: Problemlösungsraster

3. Bevor ich einschlafe, mache ich mir über folgendes Zitat Gedanken und überlege, welche Erkenntnisse ich für mich daraus ziehen kann:

Erfolgskontrolle: Alles erledigt? ❏ Ja ❏ Nein

☞ **Merke:**

Herausragende Persönlichkeiten denken nicht in Problemen, sondern in Aufgaben und Chancen. Verlierer sehen überall Probleme. Sie laufen vor ihren Problemen weg und wundern sich, wenn diese immer größer werden.

21. Tag: Die beste Investition, die es gibt: Sie selbst

Wie hoch waren ungefähr Ihre Urlaubausgaben im letzten Jahr? Und wieviel Geld haben Sie in Ihre Weiterbildung investiert (Fachbücher, Seminare, Coachings etc.)? Bei den meisten Menschen liegt das Verhältnis zwischen den Ausgaben für „die schönsten Tage des Jahres" und den Investitionen für ihre wichtigste Ressource, nämlich sich selbst, im krassen Missverhältnis. Machen Sie sich bitte folgendes bewusst: Noch nie war die Halbwertzeit für Wissen kürzer als heute und noch nie entwickelte sich das Wissen der Menschheit schneller als heute.

Wir leben im Zeitalter der beschleunigten Beschleunigung.

Gerd Gerken

Das Wissen, das Sie als Verkäufer benötigen, wird in allen Branchen immer umfangreicher und auch komplexer. Dabei war das Wissen andererseits noch nie so billig zu bekommen wie heute. Ihre Kunden, informiert durch Internet, Fernsehen, Radio und eine noch nie dagewesene Fülle von Verbraucher- sowie Fachzeitschriften sind anspruchsvoller denn je. Für durchschnittliche Verkäufer wird das „Eis" bei beratungsintensiven Dienstleistungen und Produkten schon aus Gründen der größer werdenden Beraterhaftung immer dünner. Auch gab es noch nie so viele Kunden, die ganz auf eine Beratung verzichteten und lieber gleich direkt (z. B. Versandhandel, bei Direktbanken und Versicherungen) kauften. Was tun?

Sehen Sie diese Entwicklung als echte Chance: Denn wenn Sie in Zukunft konsequenter als andere in Ihre Person als Verkäufer investieren, bauen Sie mittel- und langfristig einen Kompetenzvorsprung auf, der sich garantiert bezahlt machen wird. Wenn Sie allerdings wie ich zu denen gehören, die durch unser Schulsystem „lerngeschädigt" sind, dürfte dieser Rat bei Ihnen nicht gerade Euphorie auslösen. Aber Lernen mit Spaß ist möglich! Denken Sie an Ihre Kindheit, Sie haben Ihren Eltern Löcher in den Bauch gefragt und waren stets neugierig. Wie wäre es mit einem Paradigmenwechsel in Sachen Lernen?

Einführung zur 21. Coachingaufgabe

Warum sind die erfolgreichsten Vertriebsfirmen so erfolgreich? Sicher liegt es an guten Produkten, Marketing, Bekanntheitsgrad und Strategien. Fast alle Top-Unternehmen weltweit zeichnen sich jedoch auch durch höhere Etats für den Bereich Weiterbildung aus. Übrigens auch die erfolgreichsten Spitzensportler aller Sportarten sind meist weltmeisterlich, wenn es um die Anzahl von Trainingseinheiten geht.

Wir müssen säen, bevor wir ernten können. Wir können nicht den Lohn erwarten, bevor wir etwas getan haben. Erst die Investition, dann der Gewinn und eventuelle Zinsen.

Lebensweisheit eines Unternehmers

Unabhängig davon, ob Sie selbständig oder angestellt sind, sollten Sie sich als Ein-Personen-GmbH betrachten, die auch in Zukunft hochprofitabel sein will! Um im Verkauf überragend zu werden, reicht es nicht aus, nur *ein* Buch über Verkaufstechniken gelesen zu haben, *nur* die Seminare oder Trainings Ihrer Firma zu besuchen. Dies ist der Standard, den alle haben.

Wenn Sie sich also als Ein-Personen-GmbH begreifen, dann stellt sich die Frage, ob Ihre Firma stark genug ist, im Zeitalter der Globalisierung – dem gnadenlosen internationalen Konkurrenzkampf – erfolgreich zu bestehen! Ich will Ihnen die Entscheidung etwas erleichtern. Der Unterschied zwischen der grauen Masse Mittelmäßiger und den Spitzenverkäufern ist nur zum Teil die Quantität der Zeitinvestition, vielmehr ist es die Qualität der Zeitinvestition. Spitzenverkäufer arbeiten aus meiner Erfahrung einfach effektiver. Durch zahlreiche Weiterbildungen haben diese

- mehr Sicherheit im Auftreten,

- mehr Wahlmöglichkeiten in ihrem Verhalten,

- mehr Wissen bezüglich wichtiger Hintergründe und Zusammenhänge und

- durch ihre höher entwickelte Zielklarheit eine stärkere Grundmotivation, die letztlich zu besseren Ergebnissen führt.

Die am häufigsten genannten Gründe, weshalb Ein-Personen-GmbHs nicht genügend Weiterbildung betreiben, sind:

- keine Zeit

- kein Geld

- kein Bedarf

Lassen Sie mich zu jedem dieser „Gründe" etwas sagen.

1. Keine Zeit:

 Merke:
Wer sagt, er hätte keine Zeit, der meint in Wirklichkeit: Ich habe etwas Wichtigeres zu tun.

Diese Aussage erinnert mich immer an die Geschichte von dem Mann im Wald, der mit einer stumpfen Säge zu Gange ist. Als er darauf aufmerksam gemacht wird, sagt er: „Zum Sägeblatt Auswechseln habe ich keine Zeit, ich habe heute noch drei Bäume zu sägen!" Ich kenne eine Vertriebsfirma, die wahrscheinlich branchenweit mehr Zeit (und Geld) in die Weiterbildung ihrer Verkäufer steckt als alle ihre Wettbewerber. Rein theoretisch haben diese Verkäufer also einen echten Nachteil in Sachen Verkaufszeit. Fakt ist aber, dass die Mitarbeiter dieses Unternehmens in ihrer Branche die höchsten Umsätze machen! Haben Sie wirklich *keine* Zeit für Weiterbildung?

2. Kein Geld:

☛ **Merke:**
Wer mit der Weiterbildung aufhört, um Geld zu sparen, der kann genausogut versuchen, die Uhr anzuhalten, um Zeit zu sparen.

Diese Aussage ist sehr ernst zu nehmen, zeigt sie doch, wie weit es bei dieser Person/Unternehmung bereits gekommen ist. Entweder es brennt und jede Hilfe zur Selbsthilfe kommt zu spät, oder diese Person hat bisher Weiterbildung betrieben, die keine Investition darstellte (das heißt, das investierte Geld kommt in absehbarer Zeit mit Zins zurück), sondern nur Kosten produziert. Wichtig: Buchen Sie nur Trainings und/oder Coachings bei Trainern aus der Praxis, die sich im Zweifelsfall auch auf erfolgsabhängige Honorare einlassen. Kaufen Sie nur Bücher von Autoren, die das, was sie in den Büchern schreiben, bereits in der Praxis mit Erfolg untermauert haben. Wer in „Schmusekurse" und „Märchenbücher" investiert, die nichts Umsetzbares für die Praxis liefern, der verliert oft nicht nur sein gutes Geld und seine wertvolle Zeit, sondern ist unter Umständen am Ende noch völlig verwirrt. Einer der erfolgreichsten Verkäufer, den ich kenne, sagte mir einmal: *„Jede Mark, die ich in meine Weiterbildung gesteckt habe, kam bisher zehnfach zurück!"* Eine schöne Rendite, oder? Überdurchschnittlicher Erfolg ist die Rendite für die Investition in persönliche Weiterbildung. Umgekehrt funktioniert es nicht. Kein Mensch würde auf die Idee kommen und sagen: „Ofen wärme mich, dann gebe ich dir Holz!" Erst das Holz, dann die Wärme! Haben Sie wirklich kein Geld für Weiterbildung?

3. Kein Bedarf:

Weiterbildung ist wie Rudern gegen den Strom: Sobald man aufhört, treibt man zurück. „Wir haben erst im vergangenen Jahr

Verkaufstrainings durchgeführt, die Jungs sollen diese Inhalte erst einmal richtig umsetzen!" So hörte ich den Vorstand argumentieren. Er kannte sicher die empirisch belegte Tatsache nicht, dass Trainingsinhalte, die nicht innerhalb einer Woche in die Praxis umgesetzt werden, mit einer Wahrscheinlichkeit von über 90 Prozent nie mehr zur Anwendung kommen. Wenn die Mitarbeiter also große Teile der Trainingsinhalte noch nicht umgesetzt haben, so braucht man die inspirierende Wiederholung, um den Teilnehmer wieder daran zu erinnern, was im Tagesgeschäft vergessen wurde. Mit dem Effekt, dass der Teilnehmer bei dem einen oder anderen nun sagt: „Jetzt probiere ich es doch einfach mal aus!" Wie oft trainieren Sie außerhalb Ihrer normalen Verkaufsarbeit aktiv Ihre Argumentationstechnik, Fragetechnik, Einwandbehandlung, Präsentationstechnik, mentale Techniken, Umgang mit Reklamationen und dergleichen? Einmal in der Woche, einmal im Monat, einmal im Jahr, das letzte Mal vor ... Jahren? Nehmen Sie Maß an den Besten, hier werden diese Dinge wöchentlich trainiert!

☞ Merke:
Wer sich auf seinen Lorbeeren ausruht, hat sie am falschen Platz!

Jedem ist klar, dass Profisportler viel trainieren, um Spitzenergebnisse zu leisten. Aber viele Verkäufer glauben, es wäre genug Training, wenn sie Kundengespräche führen. Dies ist ein Trugschluss, denn meine Erfahrung zeigt, dass kaum jemand in Gesprächen etwas wirklich Neues ausprobiert. Vielmehr werden in aller Regel altbewährte Verhaltensmuster abgespult.

So ist es auch nicht verwunderlich, wie wenig Verkäufer die unproduktive Zeit im Auto mit Weiterbildung nutzen. Ich empfehle jedem Verkäufer, sein Auto zum Hörsaal zu machen, es gibt viele gute Hörbücher für Verkäufer und Führungskräfte, die viel nutzbringender sind als Radio hören. So schlagen Sie mehrere Fliegen mit einer Klappe:

➤ Sie machen unproduktive Zeit zu nutzbringender Zeit.

➤ Durch mehrmaliges Hören prägt sich das Gelernte im Vergleich zum Lesen stärker ein.

➤ Sie steigen inspiriert und motiviert aus dem Auto.

➤ Hörbücher sind preiswert und steuerlich absetzbar.

☞ Merke:
Erfolgreiche Menschen sind erfolgreich, weil sie die Dinge tun, die Versager nicht gerne machen.

Übrigens, wussten Sie, dass die durchschnittliche Lebenserwartung von Nobelpreisträgern bei erstaunlichen 91 Jahren liegt? Dies legt den Schluss nahe, dass lebenslanges Lernen viel mehr als nur reiner Selbstzweck ist, sondern vor allem geistige Vitalität und ein hohes Alter begünstigt. Wie lange möchten Sie ein aktives, selbstbestimmtes Leben führen?

Meine Erfolgsaufgaben für den 21. Tag

1. Ich nehme mir ca. 15 Minuten Zeit (wenn nicht sofort, dann trage ich einen entsprechenden Termin in meinen heutigen Tagesplan ein!), um folgende Aufgaben schriftlich zu bearbeiten:

   Welche Erkenntnisse ziehe ich aus dem heutigen Coachingthema?

   . . . .

   . . . .

   . . . .

Wo sehe ich bei mir derzeit konkreten Weiterbildungsbedarf? Welche Themen würde ich gerne vertiefen?

. . . .

. . . .

. . . .

Was werde ich konkret für meine Weiterbildung nach diesem 21-Tage-Coaching unternehmen?

. . . .

. . . .

. . . .

Habe ich bereits Kataloge über Hörbücher? Wenn nein, bestelle ich noch heute einen (siehe Literaturverzeichnis am Ende des Buches).

2. Womit belohne ich mich am Abend für meine bisherige Konsequenz in der Umsetzung dieses Coachings?

. . . .

. . . .

. . . .

3. Am Ende des Tages ziehe ich mein 21-Tage-Fazit:

Was war mir in diesem 21 Tage Selbstcoaching am wichtigsten?

. . . .

. . . .

. . . .

Welche Erkenntnisse ziehe ich daraus?

. . . .
. . . .
. . . .

Wie soll es mit meiner persönlichen Entwicklung weitergehen?

. . . .
. . . .
. . . .

Wann will ich den nächsten Schritt unternehmen?

. . . .

4. Und wenn Sie wirklich alle 21 Tage konsequent dabei waren, dürfen Sie sich jetzt fest auf die Schulter klopfen! Sie haben sich selbst bewiesen, dass Sie es ernst mit sich und Ihrem Erfolg meinen. Ihr Erfolg ist nun – wenn Sie die Prinzipien dieses Coachings auch weiter anwenden – kein Zufall mehr, *er folgt!*

Machen Sie nicht die Sterne für Ihren Misserfolg verantwortlich. Machen Sie sich lieber an Ihre Arbeit.

Napoleon Hill

☛ **Noch ein Hinweis:**
Der wesentlichste Unterschied zwischen dem Spielen in unserer Kindheit und unserer Arbeit sollte die Bezahlung sein.

Bleiben Sie dran!

Erfolg stellt sich Schritt für Schritt ein. So, wie ein Bauer Geduld braucht, bis er seine Ernte einfahren kann, so wächst auch Ihr Erfolg mit der Zeit immer mehr. Sie haben jetzt durch diese 21 Tage quasi eine „Düngung" vorgenommen, jetzt sollten Sie Ihrem Erfolgspflänzchen auch weiterhin Ihre Aufmerksamkeit widmen – glauben Sie mir, es lohnt sich! Denn:

☛ **Merke:**
Nicht das Anfangen wird vom Leben belohnt, sondern das erfolgreiche Beenden eines Projekts.

Dies kann uns folgende Lebensgeschichte deutlich machen:

Es war einmal ein Mann, der

➤ mit 31 eine geschäftliche Pleite erlebte,

➤ mit 32 einen Wahlkampf verlor,

➤ mit 34 erneut eine Pleite erlebte,

➤ mit 35 den Tod seiner Lebenspartnerin verwinden musste,

➤ mit 36 einen Nervenzusammenbruch hatte,

➤ mit 38 eine Wahl verlor,

➤ mit 43 im Kongress unterlag,

➤ mit 46 wieder im Kongress unterlag,

➤ mit 48 abermals im Kongress unterlag,

➤ mit 55 im Kampf um einen Senatorenplatz unterlag,

➤ mit 56 sein Ziel, Vizepräsident zu werden, nicht erreichte,

➤ mit 58 im Kampf um einen Senatorensitz unterlag und

➤ mit 60 zum Präsidenten der Vereinigten Staaten gewählt wurde!

Die Rede ist von einem der immer noch bedeutendsten Präsidenten der USA, Abraham Lincoln.

Hand aufs Herz: Kennen Sie einen Menschen, der nicht einen der vielen Misserfolge als logische Begründung für die Beendigung des bisher eingeschlagenen Weges benutzt hätte? Jeder normale Mensch hätte ihn in seiner Entscheidung sicherlich auch noch bestätigt.

Seien Sie also im positiven Sinne stur und ausdauernd und lassen Sie sich nie von Ihrem Weg abbringen! So war sicherlich die kürzeste Rede, die Winston Churchill jemals hielt, zu verstehen, als er nach dem 2. Weltkrieg eindringlich dem Englischen Volk nur folgendes riet: „Geben Sie nie, nie, nie, niemals auf!"

Das Leben prüft unsere Ernsthaftigkeit immer wieder, aber wenn Sie an sich und Ihre Ziele glauben, wird Sie letztlich nichts aufhalten können. Dabei sollten Sie für die Zeichen des Lebens natürlich stets offen sein. Denn so mancher ging mit dem Kopf durch die Wand, obwohl daneben eine Tür offen stand. Machen Sie also den Weg nie wichtiger als das eigentliche Ziel.

„If you believe you can do it, or if you believe you can't, you are right."

Henry Ford

Die Qualität Ihrer Fragen bestimmt Ihren Verkaufserfolg!

Jeder kennt die Binsenweisheit: Wer fragt, der führt! Aber wohin und wie möchte ich meinen Kunden führen? Möchte ich plumpe Suggestivfragen verwenden oder meinem Kunden das Gefühl geben, eine *wirklich gute* Kaufentscheidung getroffen zu haben?

Alle Kunden wollen kaufen, sie wollen das Gefühl haben, gekauft zu haben und nicht etwas verkauft bekommen zu haben. Sie wollen vor, während und nach der Kaufentscheidung ein gutes Gefühl haben!

Wann haben Sie sich das letzte Mal bewusst Gedanken über die Formulierungen gemacht, die Sie in Kundengesprächen verwenden? Wie oft benutzen Sie Fragen, die Ihren Kunden ein gutes Gefühl geben und ihnen helfen, eine gute Kaufentscheidung zu treffen?

Ich möchte Ihnen dazu eines der Werkzeuge des „Fragecoachings" vorstellen.* Es handelt sich um das Tool Skalierung und geht von der Annahme aus, dass nur das, was messbar ist, auch veränderbar ist. Wenn wir also annehmen, dass jede Frageformulierung einen gewissen Grad von Qualität hat und dass diese Qualität direkt den Verkaufserfolg bedingt, können Sie sich regelmäßig folgende zwei Meta-Fragen stellen.

➤ Auf einer Skala von 0 (ganz mies) bis 10 (super gut), wie hoch ist die Qualität der Frage?

---

* Wenn Sie zum Thema „gute Fragen" noch weitere Anregungen suchen, besuchen Sie doch die Homepage von Michael Kaiser. Er ist der Erfinder des „Fragecoachings" und hat mich in diesem Kapitel wesentlich unterstützt. Seine Homepage: www.kaiserconsult.de

➤ Was müsste geschehen, damit ich in der Skala um 1 oder 2 Stufen besser werde (z. B. durch Umformulierung, geschlossene Frage wird offene Frage, Betonung, Auswechslung von Fragewörtern, Austausch von Wörtern, neutrale Begriffe durch kraftvollere Begriffe ersetzen usw.)?

Und für ganz anspruchsvolle Verkäufer:

➤ Welche radikale Veränderung der Formulierung würde auf meiner Qualitäts-Skala zu einer glatten 10 führen?

Ein Beispiel:

Ausgangsformulierung:
„Herr X, wollen Sie mit dieser Produktlösung starten?"
(Qualitätsskala: 4)

Verbesserungsvorschlag:
„Herr X, wann wollen wir damit starten?"
(Qualitätsskala: 6)

Der Nutzen der neuen Formulierung liegt darin, dass aus der *geschlossenen* Frage mit gefährlicher „Nein"-Option und dem „Sie", das den Kunden in seiner Entscheidung allein lässt, *eine offene Frage* wird, die in die richtige Richtung mit dem gemeinsamen „Wir" zielt. Was meinen Sie? Bei welcher der beiden Formulierungen wird der Verkaufserfolg wohl höher sein?

Nun zu Ihrer Coaching-Aufgabe:

➤ Heute nehme ich mir mindestens zehn Minuten Zeit, um meine persönliche Verkaufs-Fragesammlung zu beginnen.

➤ Ich schreibe möglichst alle Fragen auf, die ich zur Zeit in meinen Kundengesprächen verwende.

➤ Dann lese ich mir jede Frage noch einmal durch und bewerte ganz subjektiv für mich die Qualität meiner Frageformulierung. Wenn ich mir nicht sicher bin, fange ich mit einer neutralen 5 an. Dann frage ich mich, wie ich die Qualität meiner Frage steigern kann.

Wenn Ihnen diese Sammlung Freude bereitet, können Sie gerne auch Ihre eigene Skala verwenden. Beispiel: Kreativität, „angenehm anders, als alle Anderen", und denken Sie bitte immer daran:

☞ Verwenden Sie Fragen, die Ihren Kunden ein gutes Gefühl geben und ihnen helfen, eine gute Entscheidung zu treffen! Gerne können Sie dazu die folgende Struktur verwenden oder nach Ihren Bedürfnissen anpassen.

Der Nutzen dieser Übung:

Sie entwickeln sich immer mehr zu einem Verkaufsprofi der höchst effektive Verkaufsfragen stellt!

Bisher verwendete Frageformulierung	Alternative Formulierung/Idee dazu	Qualität der Frage											.... Skala									
		0	1	2	3	4	5	6	7	8	9	10	1	2	3	4	5	6	7	8	9	10
Herr Kunde, hätten Sie nächste Woche am Mittwoch um 10:00 oder am Donnerstag um 14:00 Zeit für eine Präsentation?					x																	
	Herr Kunde, wann passt es Ihnen in den nächsten Wochen grundsätzlich besser? Am Nachmittag oder am Vormittag?							x														

Bei einem Stimmungstief

Wer sich nicht ärgern kann, der kann sich auch nicht bewusst freuen!

Wer nie traurig ist, der kann auch nicht bewusst glücklich sein!

Wir leben in einer Welt der Polaritäten. Auch unsere Stimmung schwankt zwischen Extremen. Dies macht uns ja gerade menschlich. Die Frage ist nur, *wie stark* unsere Stimmung schwankt, *wie lange* wir in der jeweiligen Stimmung bleiben und *wer oder was* unsere Stimmung beeinflusst.

Jeder kennt Momente, in denen man sich kaum aus der inneren Balance bringen lässt: Zum Beispiel in Zeiten der Verliebtheit oder nach einer bestandenen Prüfung. Dann wird alles durch die so genannte „rosarote Brille" gesehen. Vorher Negatives wird ausgeblendet oder man sieht es plötzlich aus einer positiven Perspektive. Aber es geht uns auch manchmal anders: wie eine Mimose reagieren wir auf die kleinsten Reize, unser Nervenkostüm ist dem Bersten nahe. Keiner kann uns etwas recht machen und wir konzentrieren uns vor allem auf die Dinge, die uns nicht gefallen.

Gewinner haben erkannt, dass sie selbst die volle Verantwortung für ihre Stimmung haben. Nicht der Kunde, Chef oder sonst etwas entscheidet über unsere Stimmung, sondern wir reagieren auf bestimmte Verhaltensweisen oder Umstände. Es steht uns also völlig frei, uns zu ärgern, wenn zum Beispiel etwas scheinbar Negatives passiert, oder uns zu fragen, wofür dies gut sein mag.

☛ **Merke:**
Mit dem richtigen Abstand betrachtet, kann uns sowieso nur alles und jeder weiterbringen.

Wenn Sie einen Weg aus einer ungewünschten Stimmungslage suchen, können Sie folgendermaßen vorgehen:

Coachingaufgaben zur Verbesserung der Stimmung

1. Ich mache mir bewusst, dass es völlig o.k. ist, nicht immer gut drauf zu sein! Ist meine negative Stimmung durch ein konkretes Problem bedingt, so nutze ich das Prozessraster von Seite 182, andernfalls fahre ich mit Punkt zwei weiter.

2. Ich beantworte schriftlich folgende Fragen:

   a) Wie kann ich meine derzeitige Gefühlslage in ein bis drei Sätzen umschreiben?

   . . . .
   . . . .
   . . . .
   . . . .
   . . . .

   b) Woher könnten diese Gefühle kommen, was sind die möglichen Ursachen und wie kann ich diese in Zukunft vermeiden?

   . . . .
   . . . .
   . . . .
   . . . .
   . . . .

c) Bringt mich diese Stimmung wirklich weiter und was sehe ich als alternative Reaktionsmöglichkeiten?

. . . .

. . . .

. . . .

. . . .

. . . .

d) Wie lange will ich mich noch in dieser Stimmung aufhalten?

❏ 1 Minute   ❏ 5 Minuten   ❏ 10 Minuten   ❏ . . . .

e) Welche Stimmung wäre jetzt sinnvoll (mindestens ein Satz)?

. . . .

. . . .

. . . .

f) Was hilft mir jetzt, in diese gewünschte Stimmung zu kommen?

➤ ein motivierendes Gespräch mit ...

➤ einen zufriedenen Kunden anrufen

➤ aufbauende Musik von ...

➤ ein Entspannungsbad

➤ die eigene Zielcollage ansehen

➤ eine kurze Entspannung mit den Gedanken an ein tolles Erfolgserlebnis

➤ ein Spaziergang in der Natur

➤ die Körperhaltung, Mimik und Atmung bewusst verändern

- andere Kleidung anziehen

- einen motivierenden Sinnspruch oder ein Zitat aus diesem Buch lesen

- ein klärendes Gespräch mit ...

- einen Brief an ... schreiben

- ...

Es gibt nur einen Ort mit 10 000 Menschen, die keine Probleme mehr haben – und das ist der Friedhof!

Norman Vincent Peale

Erkennen Sie Ihre Motivationsknöpfe

Ein weiterer wichtiger Punkt für Erfolg ist das Motivations-umfeld. Motivation wird durch höchst unterschiedliche Dinge beeinflusst: was den einen motiviert, kann den anderen völlig demotivieren. Dies wird im Sport sehr deutlich: Wenn ein Boris Becker mit dem Rücken zur Wand stand, wuchs er scheinbar über sich selbst hinaus. Von Michael Stich ist bekannt, dass er in solchen Situationen oft völlig versagte. Je mehr Sie herausfinden, was Sie persönlich konkret anspornt oder demotiviert, desto ge-zielter können Sie diese Motivationsauslöser wie Knöpfe selbst betätigen und dadurch die „Demotivationsknöpfe" meiden. Die häufigsten Motivations-Auslöser sind:

➤ ein persönliches Ziel erreichen

➤ Spaß bei der Arbeit haben

➤ einen bestimmten Betrag verdienen

➤ Lob und Anerkennung von Lebenspartner, Chef oder Kolle-gen

➤ das Gefühl, gebraucht zu werden

➤ an einem Wettbewerb teilnehmen

➤ einen Wettbewerb gewinnen

➤ das Gefühl, etwas Gutes zu tun

➤ das Gefühl, einen wichtigen Beitrag für ein Team zu leisten

➤ angenehmes Betriebsklima, gute Stimmung

➤ angenehme Arbeitsbedingungen und Umfeld

➤ Begeisterung für ein Produkt oder eine Idee

➤ persönliche Entscheidungsfreiheit

- ein hohes Maß an Verantwortung
- wenig Verantwortung
- sicheres Einkommen
- leistungsorientiertes Einkommen
- Arbeiten ohne Kontrolle durch Dritte
- permanentes Feedback durch Teamarbeit
- Image des Unternehmens
- das Gefühl, etwas Sinnvolles oder Wichtiges zu tun
- Inspiration durch Vorbilder

Diese Liste ist unvollständig und auf den ersten Blick widersprüchlich. Aber, wie bereits oben geschildert, sind die motivationsauslösenden Faktoren bei jedem Menschen verschieden. Finden Sie bitte nun mittels der folgenden Fragen selbst heraus, was bei Ihnen Tatenergie auslöst. Sorgen Sie dafür, dass dieses Umfeld oder die entsprechenden Auslöser in Ihr tägliches Handeln integriert sind.

Wann waren Sie in Ihrem Privatleben völlig begeistert bei einer Sache?

. . . .

. . . .

. . . .

. . . .

. . . .

Wann engagierten Sie sich in Ihrem Berufsleben überdurchschnittlich? (Finden Sie möglichst viele Beispiele.)

. . . .
. . . .
. . . .
. . . .
. . . .

Passen manche der obigen Motivationsauslöser zu Ihren Beispielen? (Notieren Sie mindestens drei Motivationsauslöser, die Ihnen besonders wichtig sind.)

. . . .
. . . .
. . . .

Inwieweit sind Ihre wichtigsten Motivationsauslöser derzeit in Ihren Arbeitsbedingungen ausreichend berücksichtigt?

. . . .
. . . .
. . . .

Was ist meine Sofortmaßnahme?

. . . .
. . . .
. . . .

Nichts ist so einfach, dass es nicht schwierig wird, wenn man es nicht gern tut.

Unbekannt

Nach einem unbefriedigenden Verkaufsgespräch

Wenn es immer so laufen würde, wie wir es uns erhofft haben, dann wäre das Leben auf Dauer ziemlich langweilig.

Natürlich will jeder Verkäufer möglichst immer erfolgreich sein, aber nicht jedes Verkaufsgespräch führt auch zum Abschluss. Das „Nein" eines Kunden sollten Sie nicht als persönliche Beleidigung oder Niederlage sehen. Viel besser ist es zu fragen, *was Sie daraus lernen können* und *was Sie jetzt weiterbringt!* Dadurch verändert sich Ihr Blickwinkel und Sie können sofort wieder handeln. Andernfalls ist die Gefahr groß, dass Sie sich unnötig lange destruktiv mit der Vergangenheit beschäftigen.

Coachingaufgabe nach Verkaufsgesprächen ohne Auftrag

Ich beantworte mir folgende Fragen:

1. Kenne ich den wirklichen Grund, weshalb der Kunde heute nicht gekauft hat (habe ich z. B. seine Begründung hinterfragt?)

   . . . .
   . . . .
   . . . .

2. Hätte der Kunde wirklich zu mir (bzw. mein Angebot zu ihm) gepasst, oder war es vielleicht besser so?

    . . . .

    . . . .

    . . . .

3. Was kann ich beim nächsten Verkaufsgespräch besser machen? Was kann ich aus dem letzten Gespräch lernen?

    . . . .

    . . . .

    . . . .

4. Werde ich diesen Kunden weiterbetreuen, um doch noch ins Geschäft mit ihm zu kommen (wenn ja, wie?)?

    . . . .

    . . . .

    . . . .

5. Was kann ich jetzt tun, um umgehend ein Erfolgserlebnis zu bekommen (Terminieren, nächsten Kunden besuchen etc.)?

    . . . .

    . . . .

    . . . .

☞ **Denken Sie daran:**
Wer seine Einstellung ändert, verändert sein Verhalten, wer sein Verhalten ändert, ändert die Reaktionen der Menschen und damit seinen persönlichen Erfolg.

Effektive Fragetechniken

Bei den folgenden Fragetechniken geht es darum, effektiver im Verkaufsgespräch zu werden. So sparen Sie Zeit und kommen schneller auf den Punkt. Sicherlich kommt Ihnen kaum eine Fragetechnik wirklich neu vor, aber darauf kommt es nicht an. Die Frage ist, ob Sie diese Fragetechniken auch wirklich konsequent in den möglichen Situationen anwenden. Meine Erfahrung ist, dass die meisten Verkäufer viel zu wenig fragen und zu viel erzählen. Die jeweiligen Beispiele sollten übrigens nicht wörtlich, sondern sinngemäß verstanden werden.

> **Der liebe Gott hat den Verkäufern zwei Ohren, aber nur einen Mund gegeben. Dies deshalb, weil sie doppelt soviel hinhören wie sprechen sollen.**

Die zielführende Frage

Fragen Sie den Kunden direkt, was *er* erwartet oder welche Informationen er bezüglich seiner Entscheidung braucht. Damit sparen Sie sich und ihm die Zeit, die Sie ansonsten für überflüssige Informationen verschwenden würden.

Beispiele:

„Was müsste das Produkt XY alles leisten, damit Sie sich heute dafür entscheiden könnten?"

„Welche Informationen fehlen Ihnen noch für Ihre heutige Entscheidung?"

„Wie muss ein Angebot bezüglich ... aussehen, damit Sie sich dafür entscheiden können?

Der Köder muss dem Fisch schmecken, nicht dem Angler!

Die Hinterfragungstechnik

Auf Fragen des Kunden antworten Verkäufer sehr häufig wie aus der Pistole geschossen. Dies birgt zwei Nachteile:

➤ Der Verkäufer hat die Frage möglicherweise missverstanden und erzählt dem Kunden etwas, was diesen eigentlich nicht interessiert. Dadurch fühlt sich der Kunde unverstanden, oder, noch schlimmer, er glaubt, der Verkäufer will seiner eigentlichen Frage ausweichen.

➤ Der Verkäufer kommt zu sehr in eine reaktive Rolle im Verkaufsgespräch. Sprich, der Kunde führt immer mehr das Gespräch durch seine Fragen.

Wer im Gespräch die Fragen stellt, der führt auch das Gespräch.

Beispiele:

Wenn der Kunde nach der Lieferzeit fragt, nennen Sie nicht sofort die Lieferzeit, sondern sagen Sie besser: „Bis wann brauchen Sie es denn?"

Der Kunde fragt: „Was kommt denn bei einer Sparrate/Tilgungsrate/Zahlungsweise in Höhe von ... heraus?" Statt sofort zu antworten, sagen Sie besser: „Gerne rechne ich Ihnen diese Variante aus, was halten Sie denn grundsätzlich von meinem Angebot?"

Bei einem Einwand des Kunden antworten Sie nicht sofort, sondern sagen Sie besser: „Interessanter Aspekt, wie kommen Sie darauf?"

Oder: „Könnte dieser Punkt nicht auch ein Vorteil für Sie sein?"

Oder: „Verstehe ich Sie richtig, Sie meinen ..."

Die Umwandlungstechnik

Eine weitere Möglichkeit, sinnvoll mit Einwänden des Kunden umzugehen, ist, die Aussage des Kunden in eine Frage umzuwandeln. So wird der Aussage die Schärfe genommen und der Kunde hat die Möglichkeit, die Sache aus einem anderen Blickwinkel zu sehen. Vorsicht: Wenn Sie diese Technik zu manipulativ einsetzen, erreichen Sie unter Umständen genau das Gegenteil von dem, was Sie wollen!

Beispiele:

Der Kunde sagt: „Ich glaube, in meinem Alter kommt so etwas nicht mehr in Frage!" Statt sofort dagegen zu halten, sagen Sie besser: „Habe ich Sie richtig verstanden, wenn sich so eine Anlage auch in Ihrem Alter noch lohnen würde, dann wären Sie interessiert?"

Oder: „Habe ich Sie richtig verstanden, bevor Sie sich für so eine Anlage entscheiden, möchten Sie sicher sein, dass sich so etwas überhaupt noch für Sie rechnet?"

Das Immunisieren

Wenn Sie sich mit der Neukundengewinnung beschäftigen, kennen Sie sicherlich die Hauptargumente der potenziellen Kunden: „Keine Zeit, kein Geld, kein Bedarf!" Diese Aussagen sind natürlich zu 90 Prozent nur Vorwände, um den „Fremden" möglichst schnell wieder loszuwerden. Werden diese Aussagen erst einmal vom Kunden genannt, wird die Einwandbehandlung meist relativ schwer. Wenn Sie allerdings diese Vorwände von sich aus bringen, nehmen Sie dem Gegenüber den „Wind aus dem Segeln". Dadurch kann er diese Argumente nicht mehr nennen und ist leichter zu einem Erstgespräch zu bewegen.

Ich versuche nie, ein Turnier zu gewinnen. Ich versuche auch nie, einen Satz oder ein Spiel zu gewinnen. Ich will nur den nächsten Punkt.

Pete Sampras

Beispiel:

Wenn Sie am Telefon mit einem potenziellen Kunden einen Termin vereinbaren wollen, dann sagen Sie, noch bevor Sie Ihre Kernbotschaft formulieren: „Liege ich richtig in der Annahme, dass Sie im Moment wenig Zeit und auch kein konkretes Interesse an neuen Angeboten haben?" Kunde: „Ja, worum geht es denn?" Sie: „Ich rufe Sie an, weil ich davon überzeugt bin, dass es sich dennoch für Sie lohnen wird, mir zehn Minuten Ihrer Zeit zu schenken. Danach treffen Sie die Entscheidung, ob es Sinn macht, weiter zu sprechen! Herr ..., es geht um eine interessante ..."

Die Alternativfrage

An sich ein alter Hut, aber verwunderlich ist, wie wenige Verkäufer diese Technik gerade in der Neukundenakquise sinnvoll anwenden. Die meisten Verkäufer fragen etwa so: „Geht es am Montag oder am Mittwoch bei Ihnen besser?" So können Sie eventuell einen Bestandskunden fragen, bei einem Neukunden ist die Gefahr viel zu groß, dass er dann etwa Folgendes sagt: „Weder noch, ich sagte ja bereits, dass ich derzeit viel unterwegs bin. Am besten, Sie geben mir Ihre Nummer, ich werde mich dann gegebenenfalls wieder melden ..."

Statt sich sofort auf Wochentage festzulegen, bieten Sie lieber erst einmal den Vor- oder Nachmittag an! Denken Sie an den Trichter vom Sog-Verkauf: Ist der Gesprächspartner erst einmal im Gesprächstrichter, kommt er kaum mehr heraus.

Beispiel:

Bei der Terminvereinbarung mit Neukunden fragen Sie den Kunden: „Wann geht es denn grundsätzlich besser bei Ihnen, tagsüber oder in den Abendstunden?" Wenn sich der Kunde jetzt festgelegt hat, suchen Sie mit dem Kunden nach einem Termin!

Tipps für Preisverhandlungen

1. Bei Preisverhandlungen ist es wichtig herauszufinden, warum der Kunde an günstigeren Konditionen interessiert ist. Oft versucht der Kunde einfach, den Verkäufer aus der Reserve zu locken, um die Reaktion des Verkäufers zu prüfen. Mögliche Reaktionen: Hinterfragen, Umwandlungstechnik (siehe Verkaufstechnik).

2. Prüfen Sie, ob der Kunde überhaupt das Alleinstellungsmerkmal (wenn es eines gibt!), alle Vorteile, den Nutzen und die Qualität kennt! Zählen Sie diese Punkte nochmals auf und setzten Sie den Preis dagegen.

3. Bringen Sie sich ins Spiel, prüfen Sie, ob (wie) er mit Ihrer Beratung und Ihrem Service zufrieden ist.

4. Drohen Sie damit, das Gespräch notfalls zu beenden, testen Sie dabei seine Reaktion.

5. Geben Sie nie „Voraus-Rabatte" im guten Glauben, der Kunde wird seine Versprechen einhalten.

6. Nutzen Sie die „Zahn-um-Zahn"-Methode. Wenn Sie dem Kunden entgegenkommen, dann erwarten Sie auch vom Kunden ein Zugeständnis (z. B. höheres Auftragsvolumen).

7. Gehen Sie nie mit Ihrem besten Angebot zu Einkäufern. Einkäufer brauchen Verhandlungserfolge für ihre Daseinsberechtigung.

8. Unterlassen Sie es, bei Vorliegen von billigeren Wettbewerbsangeboten die Konkurrenz schlecht zu machen. Bieten Sie dem Kunden vielmehr Ihre Mithilfe an! Er soll Ihnen die Chance geben, das Angebot der Konkurrenz auf Vergleichbarkeit zu überprüfen. Finden Sie Vorteile für Ihr Angebot.

9. Bauen Sie einen stärkeren emotionalen Kontakt zu Ihren Kunden auf. Je sympathischer Ihre Kunden Sie finden, desto unsensibler werden diese gegenüber dem Preis.

10. Wenn ein Kunde sich dennoch für ein anderes Angebot entscheidet, lassen Sie immer die Türen offen! Keine Vorwürfe oder Beleidigungen! Drücken Sie Ihr ehrliches Bedauern aus und finden Sie heraus, was neben dem Preis noch ausschlaggebend für die Entscheidung war. Fordern Sie den Kunden auf, sich auch in Zukunft bei Fragen an Sie zu wenden. Sagen Sie: „Ich bin mir sicher, früher oder später kommen wir bestimmt noch ins Geschäft!" Oder: „Darf ich mich dennoch bei interessanten Neuigkeiten wieder einmal melden?"

Denke immer daran, dass deine eigene Entschlossenheit, erfolgreich zu sein, wichtiger ist als alles andere.

Abraham Lincolm

Abschlusstechniken

Ich sage es ganz offen, ich bin kein großer Freund von manipulativen Abschlusstechniken! Meine Überzeugung ist: Wenn Sie ein gutes Verkaufsgespräch führen, kann der Kunde am Ende auch selbst eine sichere Entscheidung treffen. Wer am Ende eines mäßigen Gesprächs mit raffinierten Techniken das Ruder nochmals herumreißen will, riskiert Stornos oder zumindest die Kaufreue des Kunden! So oder so, in Zukunft wird man wahrscheinlich keine Geschäfte mehr bei diesem Kunden machen. Eine Abschlusstechnik, die Sog erzeugt, ist das sogenannte „Adenauer Kreuz". Diese Methode hilft dem Kunden, vor allem bei größeren Investitionen, eine sichere Entscheidung zu treffen. Natürlich kann diese Methode auch als grundsätzliches Werkzeug zur Entscheidungsfindung genutzt werden. Als Beispiel gehen wir von der Entscheidungsfindung für den Abschluss eines Investmentsparplans aus:

1. Sie zeichnen ein Kreuz wie unten:

+		–	
Sichere Anlage	(9)	Lange Laufzeit	(3)
Hohe Rendite	(10)	mtl. Belastung von 300,— €	(6)
Flexibilität	(8)		
Gute Absicherung für die Rente	(7)		
Summe	34		9

2. Sortieren Sie mit dem Kunden alle relevanten Punkte, die für und gegen die Entscheidung sprechen könnten.

3. Bewerten Sie die einzelnen Punkte nach Wichtigkeit. Hier bietet sich ein Bewertungsschlüssel von 1 bis 10 an. Je wichti-

ger ein Punkt für den Entscheider ist, desto höher ist die Punktzahl, die jeweils vergeben wird.

4. Summieren Sie jeweils die Punkte. Das Verhältnis positiv zu negativ sollte mindestens 60 : 40 sein. Nur dann macht eine Entscheidung für das entsprechende Projekt Sinn. Andernfalls ist es besser, Alternativen zu prüfen. Bei dem obigen Beispiel für einen Sparplan fällt das Ergebnis eindeutig positiv aus.

Ein Sieger findet für jedes Problem eine Lösung. Ein Verlierer findet in jeder Lösung ein Problem.

Mehr Abschlusssicherheit mit dem Karabiner-Prinzip

Frage: Was hat ein Bergführer mit einem Verkäufer gemein-
            sam?

Antwort: Beide wollen mit einem Kunden ein Ziel sicher errei-
            chen.

Frage: Was kann ein Verkäufer von einem guten Bergführer
            lernen?

Antwort: Zum Beispiel den Sicherheitsaspekt während des Auf-
            stiegs hin zum Ziel.

Wer schon einmal eine geführte Besteigung einer Felswand mit-
gemacht hat, wird sich erinnern, dass er vom Guide immer wieder erinnert wird, sich so oft wie möglich an den Haken im Fels
mittels Karabinern abzusichern. Dabei wird sich der Bergführer
immer möglichst in der Nähe von ungeübten Bergfreunden aufhalten. Nur dadurch wird die Zielerreichung relativ gefahrlos
und sicher.

Genau dieses Prinzip wird von vielen Verkäufern jedoch viel zu
wenig beachtet. Im übertragenen Sinne bedeutet dies, dass sich
der Verkäufer im Verkaufsgespräch voller Tatendrang in Richtung Abschluss redet.

Dabei „hängt" er den Kunden aber häufig regelrecht ab und bemerkt dies, mangels kommunikativer „Karabiner", viel zu spät.
Die Folge sind Kunden, die dem Verkäufer gedanklich nicht bis
zum Zielpunkt gefolgt sind und dadurch am Ende des Gesprächs
auch meist kaum entscheidungsfähig sind. Es passiert sehr häufig, dass der Gesprächspartner noch mitten im Entscheidungs-
prozess steht, während sich der Berater schon am Zielpunkt be-

findet. Oft werden dadurch gute Entscheidungen vertagt und dann gegebenenfalls ganz verworfen.

Durch Anwendung des Karabiner-Prinzips wird vermieden, dass Entscheidungen unnötig hinausgeschoben werden oder Kunden ungeeignete Lösungen angeboten bekommen.

Wie können Sie das Karabiner-Prinzip im Verkauf konkret anwenden und davon profitieren? Ganz einfach: Fragen Sie Ihren Kunden zu Beginn präzise nach seiner genauen Vorstellungen und während des Gesprächs öfter nach seiner Meinung. Achten Sie bei den Antworten auf seine verbalen und nonverbalen Reaktionen. Nur wenn Sie wissen, ob der Kunde gedanklich und emotional noch bei Ihnen ist, macht die Besprechung eines weiteren Aspekts Sinn. Kommunikative Karabiner können Sie beispielsweise folgendermaßen formulieren:

➤ „Welche Aspekte/Themen müssen bei Ihrer Entscheidung berücksichtig werden?"

➤ „Mal angenommen wir finden eine Lösung, die Ihren Anforderungen entspricht, wie geht es dann für Sie weiter?"

➤ „Wie passt das Angebot bisher zu Ihren Erwartungen?"

➤ „Wie denken Sie bis hierher über diese Lösung?"

➤ „Was meinen Sie zu dieser Alternative?"

➤ „Bis hierhin einverstanden?"

➤ „Wie gefällt Ihnen dieser Punkt des Angebots?"

➤ „Was wäre an dieser Stelle für Sie noch wichtig zu wissen?"

➤ „Worüber denken Sie gerade nach?"

➤ „Wollen wir Ihre Anforderungen mit den Merkmalen des Angebots nochmals konkret vergleichen?"

➤ „Wann möchten Sie damit starten?"

Tipps für Ihre Praxis:

1. Finden Sie für jede Ihrer Gesprächsphasen eine oder mehrere für Sie passende Karabiner-Fragen und üben Sie diese, bis diese Fragen für Sie zur Gewohnheit werden.

2. Gehen Sie nach einem Verkaufsgespräch die einzelnen Gesprächsphasen gedanklich durch und überprüfen Sie die Anzahl und Qualität der von Ihnen formulierten Karabiner-Fragen.

So bekommen Sie mehr Empfehlungen

Neue zahlungskräftige Kunden sind für jedes Unternehmen das „Salz in der Suppe". Sie bringen Umsatzwachstum und steigern den Gewinn. Jedoch ist heute der Aufwand für die Neukundengewinnung in den meisten Branchen so groß, dass unterm Strich kaum mehr etwas „hängen" bleibt. Allein die klassische Werbung in Printmedien ist für kleine Unternehmen oft fast unerschwinglich, von der Werbung im Hörfunk und Fernsehen ganz zu schweigen. Wem dann auch der (für viele frustrierende und umstrittene) Weg der Kaltakquise am Telefon und an der Haustür nicht liegt, kommt an einer *professionellen Empfehlungsstrategie* nicht vorbei.

☛ **Merke:**

Die gute alte *Mund-zu-Mund-Werbung* ist nicht nur die günstigste Werbeform, sondern auch das schönste Kompliment, das ein Verkäufer bekommen kann.

Ein weiterer großer Vorteil von Empfehlungen ist, dass in der Regel der Verkauf oft schon vor dem eigentlichen Verkaufsgespräch mit Ihnen stattgefunden hat. So will ein potenzieller Kunde, der von Ihrem Kunden bereits begeistert wurde, meist nicht mehr ausführlich überzeugt werden. Auch Preisgespräche sind bei empfohlenen Kunden sehr selten. Kurz: Sie können sich in derartigen Kundenverkaufsgesprächen ganz entspannt auf die offenen Details wie Liefertermin oder dergleichen konzentrieren. Damit gewinnen Sie Zeit und Energie für andere pro-aktive Lebenszeit.

Mit Referenzschreiben schneller zum Erfolg

Wenn Sie durch eine Empfehlung einen Termin bei einem neuen Interessenten haben, ist es sinnvoll, die Vertrauensbasis zwischen dem potenziellen Kunden und Ihnen zu verstärken. Denn eventuell hat Ihnen der potenzielle neue Käufer nur aus Höflichkeit einen Termin gegeben.

Hier haben sich Referenzschreiben von begeisterten Kunden bestens bewährt, nach dem Motto: „Wenn die anderen so euphorisch von den Dienstleistungen/Produkten von X/Y sind, dann muss ich doch auch mal sehen, ob da was dran ist." Scheuen Sie sich also nicht davor, gleich zu Beginn Ihrer Präsentation Dankschreiben von zufriedenen Kunden zu zeigen oder diese zusammen mit einer Terminbestätigung zu versenden.

☛ **Merke:**
Klappern gehört zum Handwerk, selbst für den lieben Gott werden die Glocken geläutet!

Wie kommen Sie an Referenzschreiben?

1. Sie sollten Kunden begeistern.

2. Fragen Sie aktiv bei Ihren Kunden nach einem Feedback.

3. Ist dieses positiv, bedanken Sie sich dafür und bitten Sie um eine schriftliche Form dieses Lobes (notfalls schreiben Sie es mit ihm gemeinsam).

Was ist bei einem Referenzschreiben zu beachten?

1. Je bekannter der Kunde, desto besser.

2. Es sollte offizielles Geschäftspapier des Kunden verwendet werden.

3. Der Kunde sollte seine früheren Erfahrungen – bevor er Sie kannte – kurz schildern. Ein solcher „Vergleich" wirkt doppelt.

4. Danach beschreibt der Referenzgeber, was ihn an Ihnen und Ihren Dienstleistungen begeistert.

5. Gut ist es auch , wenn er die Bereitschaft signalisiert, anderen über Sie oder Ihre Produkte persönlich Auskunft zu geben.

Auf der folgenden Seite sehen Sie ein Muster für ein solches Referenzschreiben.

Volksbank Raiffeisenbank
Mangfalltal-Rosenheim eG

Volksbank Raiffeisenbank Mangfalltal-Rosenheim eG,
Bahnhofstraße 5, 83022 Rosenheim

Herr
Dieter Kiwus
Sauerbruchstr. 20
90513 Zirndorf

Bahnhofstr. 5
83022 Rosenheim

Hubert Kamml
Vorsitzender des Vorstandes

Telefon 08031/399-101
Telefax 08031/399-109

hubert.kamml@vb-rb.de
www.vb-rb.de

Unsere Zusammenarbeit

15.11.2010

Guten Tag Herr Kiwus,

als Bank mit einer klaren Vision, Finanzdienstleiter Nr. 1 in der Region zu sein, legen wir sehr viel Wert auf die Mitarbeiterqualifizierung. Wir arbeiten seit 2007 mit Ihnen und Ihrem Trainerteam sehr gerne zusammen. Was uns an der Zusammenarbeit besonders gefällt, ist neben Ihrer hohen Zuverlässigkeit, Ihre starke Vertriebskompetenz und Ihre innovativen Ideen von denen unser Haus profitieren konnte. Hier einige Erfolge genannt,

- Mit Ihrer Neukunden-Gewinnungsstrategie ist es unseren Vertriebsmitarbeitern möglich, eine Terminquote bei Neukunden von bis zu 80% zu erreichen.

- Sie waren der erste Bildungsanbieter, der uns auch die Nutzung öffentlicher Zuschüsse für Trainings ermöglicht hat.

- Durch Ihre beliebten Trainingselemente im Bereich der „Inneren Einstellung" bekommen unsere Mitarbeiter in Ihren Verkaufs- und Führungstrainings wichtige Impulse für Ihre Persönlichkeitsentwicklung.

- Ihre neuartige Empfehlungslogik „Empfehlungspower" hat bei vielen Mitarbeitern für erfolgreiches Empfehlungsgeschäft gesorgt.

Wir empfehlen Sie gerne an andere Genossenschaftsbanken und Firmenkunden weiter und freuen uns auf eine nachhaltig erfolgreiche Zusammenarbeit mit Ihnen und Ihrem Team. Herzlichen Dank für Ihren Einsatz.

Mit freundlichen Grüßen

Volksbank Raiffeisenbank
Mangfalltal-Rosenheim eG
Vorstand

Hubert Kamml
Vorsitzender

Vorstand: Hubert Kamml (Vors.); Dr. Walter Müller (stv. Vors.); Dr. Mario Voit
Aufsichtsrat: Felix Schwaller (Vors.), Sitz: Rosenheim, BLZ: 711 600 00
Gen.-Reg. AG Traunstein Nr. 20

Coachingaufgabe zum Empfehlungsmarketing

Wie sieht es bei Ihnen aus, bekommen Sie mehr qualifizierte Empfehlungen von zufriedenen Kunden als Sie für Ihre geplanten Umsatzziele benötigen?

❏ Ja   ❏ Nein

Wenn nein, dann belügen Sie sich bitte nicht selbst, indem Sie zu sich sagen: *„Wenn ich mehr Empfehlungen bekommen würde, als ich benötige, dann würde es ja in Stress ausarten ...".* Mehr Empfehlungen als nötig zu bekommen, ist aus meiner Sicht Pflicht. Denn: wie wollen Sie sonst auf Dauer ohne permanenten Kraftakt überdurchschnittlich erfolgreich werden oder sein?

Machen Sie bitte den folgenden Selbsttest. Markieren Sie selbstkritisch die jeweiligen Antworten, die Ihrem derzeitigen Status am nächsten kommen. Lesen Sie die Auflösung bitte erst, *nachdem* Sie den Test ausgefüllt haben.

Selbsttest Empfehlungsmarketing

1. Meine Dienstleistungen und/oder Produkte unterscheiden sich aus der Sicht meiner Kunden deutlich von dem, was auf dem Markt angeboten wird. Meine herausragenden Alleinstellungsmerkmale überzeugen nahezu jeden Interessenten.

A) Trifft voll zu ❏   B) Trifft zum Teil zu ❏
C) Trifft kaum zu ❏

2. Ich begeistere meine Kunden durch meine Art. Ich bin jederzeit ein gern gesehener Gesprächspartner. Dies merke ich
auch unter anderem daran, dass ich immer wieder kleine Ge-
schenke von Kunden erhalte.

A) Trifft voll zu ❏   B) Trifft zum Teil zu ❏
C) Trifft kaum zu ❏

3. Ich überzeuge meine Gesprächspartner durch meine ausge-
prägte Fachkompetenz, durch die oft nützliche Problemlö-
sungen/Ideen mit meinen Kunden einfach und verständlich
erarbeitet werden können.

A) Trifft voll zu ❏   B) Trifft zum Teil zu ❏
C) Trifft kaum zu ❏

4. Ich hole mir regelmäßig (z. B. einmal im Jahr) *schriftlich* ein
Feedback von meinen Kunden bezüglich deren Zufriedenheit mit mir, meinen Leistungen und Angeboten. In diesem
Schreiben (dem ein frankierter Rückumschlag beiliegt) finden die Kunden ein offenes Empfehlungsfeld, in dem sie ihre
aktuellen Empfehlungen eintragen.

A) Trifft voll zu ❏   B) Trifft zum Teil zu ❏
C) Trifft kaum zu ❏

5. Ich frage meine Kunden regelmäßig und aktiv nach Empfehlungen, ohne aufdringlich zu wirken. Dabei bin ich so erfolgreich, dass ich auf weitere Werbung und Akquisition fast
vollständig verzichten kann.

A) Trifft voll zu ❏   B) Trifft zum Teil zu ❏
C) Trifft kaum zu ❏

6. Um in meiner Präsentation künftig noch professioneller zu werden, lasse ich mich regelmäßig von einem erfolgreichen Kollegen, meiner Führungskraft oder einem Coach bei Kundengesprächen begleiten.

A) Trifft voll zu ☐   B) Trifft zum Teil zu ☐
C) Trifft kaum zu ☐

7. Ich halte regelmäßig mit meinen Kunden Kontakt und habe sowohl eine Geburtstags- als auch eine Hobbyliste, die ich dazu nutze, um die Kontaktfrequenz (Geburtstagskarten, E-Mails mit aktuellen Informationen, Zeitungsartikel, Bücher etc.) zu erhöhen.

A) Trifft voll zu ☐   B) Trifft zum Teil zu ☐
C) Trifft kaum zu ☐

8. In den Gesprächen mit meinen Kunden wird auch oft über private Dinge geredet. Hier schätzen mich meine Kunden als guten Zuhörer und jemanden, der auch stets Adressen von Spezialisten über sein eigenes Fachgebiet hinaus (Fachärzte, Dienstleister, Einkaufsquellen für innovative Produkte etc.) hat. Diese „Spezialistendatei" pflege und erweitere ich ständig.

A) Trifft voll zu ☐   B) Trifft zum Teil zu ☐
C) Trifft kaum zu ☐

9. Meine äußere Erscheinung lässt keinen Zweifel an meiner Fachkompetenz und meinem beruflichen Erfolg aufkommen. Daher bekomme ich oft positives Feedback zu meinem gewinnenden Outfit.

A) Trifft voll zu ☐   B) Trifft zum Teil zu ☐
C) Trifft kaum zu ☐

10. Ich habe eine aktuelle, äußerst interessant gestaltete Homepage, auf der sich Interessenten über mich und meine Angebote informieren können.

A) Trifft voll zu ☐   B) Trifft zum Teil zu ☐
C) Trifft kaum zu ☐

11. Ich arbeite in einer klar definierten Kundenzielgruppe und kenne deren Probleme und Engpässe genau. Darüber habe ich bereits mehrere Artikel gesammelt (oder sogar selbst geschrieben?!) und Referenzschreiben von begeisterten Kunden erhalten, die ich in meinen Kundenkontakten auch flankierend einsetze.

A) Trifft voll zu ☐   B) Trifft zum Teil zu ☐
C) Trifft kaum zu ☐

12. Zum Thema Empfehlungen habe ich ein anspruchsvolles Wochenziel (*z.B. Ich erhalte wöchentlich mindestens fünf Empfehlungen*) definiert und entsprechende Maßnahmen abgeleitet.

A) Trifft voll zu ☐   B) Trifft zum Teil zu ☐
C) Trifft kaum zu ☐

13. Ich habe eine Interessenten-/Wunschkundendatei (z. B. mir empfohlene potenzielle Kunden, die sich aber nicht gleich entscheiden konnten) mit Personen, die ich in absehbarer Zeit als Kunden gewinnen möchte. Für diesen Personenkreis verwende ich wöchentlich eine fest definierten Zeiteinheit (z. B. donnerstags von 13.00 bis 15.00 Uhr), um verschiedene Nachfassaktionen (E-Mails, Briefe, Telefonate etc.) durchzuführen.

A) Trifft voll zu ☐   B) Trifft zum Teil zu ☐
C) Trifft kaum zu ☐

14. Um meinen Kunden etwas Gutes zu tun und dabei deren Bekannte und Kollegen kennen zu lernen, veranstalte ich regelmäßig Informationsveranstaltungen (die nicht unbedingt direkt etwas mit meinem Thema zu tun haben müssen) zu interessanten und aktuellen Themen mit externen Referenten.

A) Trifft voll zu ☐   B) Trifft zum Teil zu ☐
C) Trifft kaum zu ☐

15. Ich habe von begeisterten Kunden Dankschreiben, die ich
bei Neukunden aktiv vorzeige, um das Vertrauen des Kunden schneller aufzubauen.

A) Trifft voll zu ☐   B) Trifft zum Teil zu ☐
C) Trifft kaum zu ☐

**Auflösung: Jedes A) zählt 3 Punkte, jedes B) zählt 1 Punkt und
jedes C) zählt 0 Punkte**

0 – 12 Punkte: Ihre Empfehlungsquote liegt sicherlich weit unter
dem, was möglich wäre. Um Ihren künftigen Erfolg zu erhöhen,
ist es wichtig, Ihre eigenen Ansprüche an sich und Ihre Arbeits-
qualität zu hinterfragen. Fragen Sie sich also: Was bremste mich
bisher, in meinem Beruf meine vollen Potenziale zu entwickeln?
Liebe ich meinen Beruf?

☛ **Tipp:**
Suchen Sie sich als Sofortmaßnahme zwei bis drei der für Sie interessantesten Punkte aus dem obigen Test heraus und formulieren Sie diese in Fragen um. Anschließend erarbeiten Sie Ideen zu
den Fragen und setzen mindestens einen ersten Schritt zu einer
der Ideen in den nächsten 72 Stunden um.

13 – 28 Punkte: Die Anzahl Ihrer Empfehlungen (und Ihr Einkommen) liegt wahrscheinlich bereits über dem Durchschnitt Ihrer Mitbewerber. Sie haben sich bisher nicht nur viele Gedanken

über Optimierungsmöglichkeiten gemacht, sondern diese auch konsequent umgesetzt.

☞ Tipp:

Wenn Sie an noch mehr Empfehlungen interessiert sind, dann suchen Sie sich als Sofortmaßnahme einfach zwei bis drei der für Sie interessantesten Punkte aus dem obigen Test heraus und formulieren diese in zielführende Fragen um. Anschließend erarbeiten Sie Ideen zu den Fragen und setzen mindestens einen ersten Schritt zu einer Ihrer Ideen in den nächsten 72 Stunden um.

29 – 45 Punkte: Herzlichen Glückwunsch! Sie gehören zu den wenigen Vollprofis im Geschäft. Sie erhalten nicht nur mehr Empfehlungen als Ihre Mitbewerber, sondern können auch leicht personell wachsen. Sie haben durch die Umsetzung Ihrer Empfehlungsstrategie einen wesentlichen Engpass auf dem Weg zu einem erfolgreichen Verkaufsteam bereits überwunden. Wenn Sie Ihre Empfehlungsquote weiter erhöhen wollen, dann suchen Sie sich als Sofortmaßnahme einfach ein bis drei der für Sie interessantesten, aber bisher noch vernachlässigten Punkte aus dem obigen Test heraus und formulieren diese in zielführende Fragen um. Anschließend erarbeiten Sie Ideen zu den Fragen und setzen mindestens einen ersten Schritt zu einer Ihrer Ideen in den nächsten 72 Stunden um.

☞ Tipp:

Führen Sie mit Kollegen oder befreundeten Geschäftspartnern einen *Workshop zum Thema Empfehlungsgeschäft* durch. Als Grundlage für die Veranstaltung kann Ihnen der obige Test als eine Art Checkliste dienen. Diesen Workshop kann einer der Teilnehmer oder noch besser ein externer Coach mit Erfahrung auf diesem Gebiet moderieren.

Ergänzende Coachingaufgabe zum Empfehlungsmarketing

Ein weiterer wesentlicher Grundstein für den Erfolg Ihrer Empfehlungsstrategie ist Ihr Selbstverständnis in Sachen Empfehlungen. Ihr *Selbstverständnis* prägt Ihre *Gefühle* und diese wiederum Ihre *Handlungen,* welche die wichtigsten Ursachen (nicht nur) für Ihren Empfehlungserfolg sind. Wenn Sie im positiven Sinne an Ihrem Selbstverständnis arbeiten, erhöht sich Ihr Erfolg fast automatisch. Es macht eben einen riesigen Unterschied, ob Sie eine Empfehlung als etwas Außergewöhnliches (das Sie nicht erwartet haben) oder etwas völlig Normales ansehen.

Schreiben Sie sich folgende Autosuggestionen bitte ab und lesen Sie diese in den nächsten drei Tagen, so oft Sie können (mindestens 30 Mal). Fühlen Sie dabei ein intensives Gefühl der Dankbarkeit. Stellen Sie sich dabei positive Erlebnisse (z. B. wie Sie von neuen Interessenten angerufen werden, wie Ihnen Empfehlungsschreiben zugeschickt werden etc.) vor:

➤ *Ich ... (Name) ... leiste hervorragende Arbeit für meine Kunden, es ist für mich selbstverständlich, qualifizierte Empfehlungen zu bekommen.*

➤ *Ich habe es verdient, viele Empfehlungen zu bekommen.*

➤ *Ich bin dankbar für mein erfolgreiches Empfehlungsgeschäft.*

➤ *Ich bin dankbar für ein Leben in Überfluss und Harmonie.*

Diese Suggestion, kombiniert mit starken positiven Gefühlen und Bildern, wirkt wie ein Erfolgsmagnet. Probieren Sie es einfach aus!

Erfolg beginnt im Kopf.

Sportlerweisheit

229

Empfehlungs-Zusatztipp: Unter meiner Homepage www.empfehlungspower.de können Sie sich auch mein kostenloses E-Book zum Thema Empfehlungsmarketing herunterladen. Darin gibt es ein ganzes Füllhorn an Ideen zum Thema Empfehlungserfolg.

Checkliste zum Thema Zeit- und Selbstmanagement

Haben Sie Ihre Zeit und Ihre Arbeit fest im Griff, oder ist es bei Ihnen gefühlsmäßig manchmal vielleicht so, dass Ihre Arbeit über Ihr Leben bestimmt? Folgender Check gibt Ihnen Aufschluss, in welchen Bereichen bei Ihrem Selbstmanagement noch Optimierungspotenzial vorhanden ist. Fragen Sie sich bei allen Punkten, die Sie mit „– –" oder „–" markiert haben, ob Sie dieses Thema weiterbringen würde, wenn Sie sich intensiv damit beschäftigen würden. Wenn ja, dann entwickeln Sie einfach eine Sofortmaßnahme daraus.

		– –	–	+	++
1.	Ich habe eine klare, schriftlich fixierte Lebensvision.				
2.	Ich habe in allen meinen Lebensbereichen klare lang-, mittel- und kurzfristige motivierende Ziele, die ich auch nachhalte.				
3.	Ich nehme mir regelmäßig ausreichend Zeit für eine klare berufliche und private Standortanalyse.				
4.	Ich kenne meine mir wichtigsten Werte und lebe sie.				
5.	Meine „Bigpoints" des Lebens (z. B. Sport, Weiterbildung, Kinder, Akquisition etc.) haben in einer Wochenplanung einen festen Platz.				
6.	Ich mache am Ende eines Tages einen Prioritätenplan für den nächsten Tag.				
7.	Ich nehme mir für jeden Tag eine besondere Erfolgsaufgabe vor.				

		$--$	$-$	$+$	$++$
8.	An meinem Arbeitsplatz ist alles geordnet und übersichtlich.				
9.	Meine Telefonate sind vorbereitet und werden stets effektiv (ohne Ausschweifungen) geführt.				
10.	Bei wichtigen Ausarbeitungen bin ich ungestört.				
11.	Meine Besprechungen sind vorbereitet und werden stets effektiv (ohne Ausschweifungen) geleitet.				
12.	Mein Arbeitstag beginnt mit Ruhe und Harmonie.				
13.	Ich sorge für reichlich Bewegung an der frischen Luft.				
14.	Ich mache ausreichend Pausen, um mich zu erholen.				
15.	Ich esse gesunde Lebensmittel und trinke mindestens zwei Liter Wasser am Tag.				
16.	Ich erledige die wichtigsten und/oder unangenehmen Dinge immer möglichst zu Beginn des Tages.				
17.	Ich schiebe nichts vor mir her. Ich erledige die Dinge entweder termingerecht, oder ich treffe sofort die Entscheidung, es nicht zu tun.				
18.	Ich gebe alle wichtigen Informationen an Kunden, Mitarbeiter etc. schnell und eindeutig weiter.				
19.	Ich denke und handle stets lösungs- und zielorientiert.				
20.	Ich sorge für ein ausgeglichenes Privatleben.				
21.	Ich habe einen Weiterbildungsplan, den ich auch einhalte.				

		$--$	$-$	$+$	$++$
22.	Ich nehme mir (mit meinem Team) ausreichend Zeit für die Entwicklung neuer Ideen und Problemlösungen.				
23.	Ich wache pünktlich ohne Wecker auf und kann am Abend mühelos einschlafen.				
24.	Ich führe ein Erfolgstagebuch.				
25.	Ich nehme mir genügend Zeit, um wertvolle Beziehungen zu pflegen.				

Gewinner und Verlierer

Der Gewinner hat immer einen Plan.
Der Verlierer immer eine Ausrede.

Der Gewinner sagt: Lass mich Dir dabei helfen.
Der Verlierer sagt: Das ist nicht meine Aufgabe.

Der Gewinner findet für jedes Problem eine Lösung.
Der Verlierer findet für jede Lösung ein Problem.

Der Gewinner vergleicht seine Leistungen mit seinen Zielen.
Der Verlierer vergleicht seine Leistung mit denen, die weniger erreicht haben.

Der Gewinner sagt: Es mag schwierig sein, aber ich werde es schaffen.
Der Verlierer sagt: Es ist möglich, aber ich werde es nicht schaffen.

Der Gewinner ist immer Teil einer Antwort.
Der Verlierer ist immer Teil eines Problems.

Der Gewinner sagt: Es zählt allein, was Du für möglich hältst und tust!
Der Verlierer sagt: Erfolg ist immer nur Glücksache!

Machen Sie es wie die Gewinner!

Dieter Kiwus

Zusätzliche Trendtipps

Kostenlose Weiterbildung mit Podcasts

Die ideale Ergänzung zu herkömmlichen Hörbüchern auf CD oder Kassette sind Podcasts. Sie wissen noch nicht, was ein Podcast ist? Podcasting bezeichnet das Produzieren und Anbieten von Audio- oder Videodateien über das Internet. Der Begriff setzt sich aus den beiden Wörtern iPod und Broadcasting (engl. für „ausstrahlen") zusammen. Beliebige Teilnehmer des Podcasting (auch: Podcaster) erzeugen diese Medien-Dateien und stellen sie anschließend im Internet bereit. Ein Teilnehmer kann diesen Podcast mit einer speziellen Software für Podcasts „abonnieren" (Podcatcher). Hören kann man die Dateien auf dem PC oder mit einem mp3-Player. Ein führendes Portal zum Abspielen und Downloaden von kostenlosen Podcasts zu den unterschiedlichsten Themenbereichen finden Sie unter http://www.apple. com/de/itunes/download/. Tipp: Wenn Sie in das Suchfenster „Dieter Kiwus" eingeben, finden Sie auch Podcasts vom Autor!

Ressourcenoptimierung für Vertriebsmitarbeiter im Außendienst

Oft wird darüber gesprochen, wie das Internet unsere Welt verändert, hier ein aktuelles beeindruckendes Beispiel:

Nutzen Sie doch Ihre Homepage künftig für Online-Konferenzen mit Ihrer Zielgruppe! Dadurch können Sie Abschlüsse machen ohne Zeit- und Geldverlust durch Fahrzeiten und Reisekosten. Die Firma CSN bietet ein spezielles Programm namens „DataConference" an, welches für viele Vertriebsfirmen enorme Effizienzsteigerungen möglich macht.

Modern und günstig kommunizieren mit Online-Konferenzen – die Vorteile auf einen Blick:

➤ *Dial-In- und Dial-Out-Konferenzen mit bis zu 1 000 Teilnehmern*

Höchste Sprachqualität durch Konferenzschaltungen über konventionelle Telefonleitungen (keine IP-Telefonie!). Es werden alle Teilnehmer erreicht, die über einen Festnetz- oder Mobilfunkanschluss verfügen.

➤ *Multimediapräsentationen per Internet*

Telefonkonferenzen können zeitgleich durch Bildpräsentationen (z. B. PowerPoint), Flash-Animationen, Application Viewing, Co-Browsing und Text-Chat unterstützt werden. Das Conference-Center eignet sich somit hervorragend für Produkt- oder Geschäftspräsentationen, eLearning und CustomerCare-Aufgaben.

➤ *Konferenzmanagement über das Internet*

Über einen komfortablen Webaccount können Sie Ihre Audio- und Datenkonferenzen selbst initiieren, kontrollieren und verwalten.

➤ *Gesprächsmitschnitte und Präsentationsaufzeichnungen*

Für verhinderte Teilnehmer können wichtige Konferenzen aufgezeichnet und an Zusatzterminen wiederholt werden (siehe auch Playback-Konferenzen). Die Aufzeichnungen können auch für die Erstellung eines Konferenzprotokolls genutzt werden.

➤ *Schulungskonferenzen*

(Quelle: www.finance-leads.de/3012.html, eine Firma, die bereits erfolgreich mit diesem neuen System arbeitet)

236

Tipps und Tools zum Download

Sie möchten weitere Informationen zum Thema Mentaltraining als Audiodatei oder weitere sinnvolle Checklisten und Tipps für Ihren persönlichen Erfolg oder dem Ihres Teams? Dann nutzen Sie als Leser einfach die Downloadzone auf meiner Homepage – kostenlos!

Die Adresse: http://dieterkiwus.de/buch.htm
Ihr Passwort: 4. Auflage

Die Downloads:

1. Der 1. Teil des Audioprogramms *„Erfolg beginnt im Kopf"* Eine spannende Einführung zum Mentalen Training im mp3-Format (ca. 24 min.)

2. Checkliste „Zielkontrolle" zum Selbstcontrolling bei wichtigen Verkaufszielen

3. Checkliste „Wie wirke ich auf andere?" – Feedback zur persönlichen Wirkung

4. Checkliste „Wirkungs-Feedback speziell von Kollegen"

5. Werteanalyse zum Herausfinden der wichtigsten Werte im Leben

6. Die 13 Megatrends im Handel und Vertrieb

7. Anleitung für spielerische Verkaufstrainings

8. Zehn Tipps zum Thema Zeit- und Zielmanagement

9. Teamanalyse für Vertriebsteams als Basis für gezielte Teamentwicklung

10. Checkliste Willenskraft

Literatur

Bücher

Anthony, Robert: *Startbuch für Lebensveränderer,* Münsingen, Bern 1993

Birkenbihl, Vera F.: *Erfolgstraining,* Landsberg am Lech 1996

Braun, Walter H.: *Verkäuferbrevier,* Bad Harzburg 1985

Christiani, Alexander: *Weck den Sieger in Dir!,* 2. Auflage, Wiesbaden 2000

Christiani, Alexander: *Magnet Marketing,* Frankfurt/Main 2002

Cialdini, Robert B.: *Die Psychologie des Überzeugens,* 4. Auflage, Bern 2006

Connor, Tim: *Was Sie zum Spitzenverkäufer macht,* Frankfurt/Main 1998

Egli, René: *Das Lola-Prinzip,* Oetwil a.d.L. 1997

Enkelmann, Nikolaus B.: *Die Sprache des Erfolgs,* 3. Auflage, Wiesbaden 2001

Freitag, Erhard: *Die Macht Ihrer Gedanken,* München 1992

Friedemann, Jan C.: *200 Tipps für Verkäufer im Außendienst,* Wiesbaden 2005

Gopalan, Susanne F.: *Die Gopalan-Strategie,* München 2006

Händeler, Erik: *Kontratieffs Welt,* Moers 2005

Herndl, Karl: *Auf dem Weg zum Profi im Verkauf: Verkaufsgespräche zielstrebig und kundenorientiert führen,* Wiesbaden 2009

Hull, Raymond: *Alles ist erreichbar,* Reinbek bei Hamburg 1980

Howard, Pierce J. und Howard, Jane Mitchell: *Führen mit dem Big Five Persönlichkeitsmodell,* Frankfurt am Main 2002

Kremer, Alfred: *Reich durch Beziehungen,* Landsberg am Lech 2000

Meier, Klaus: *Das Geldbüchlein,* Fürth 1999

Murphy, Joseph: *Die Macht Ihres Unterbewusstseins,* Genf 1962

Prack, Ralf-Peter: *Beeinflussung im Verkaufsgespräch: Wie Sie beim Kunden den Schalter auf „Kauf" stellen,* Wiesbaden 2008

Rethfeld, Robert: *Weltsichten Weitsichten,* München 2004

Robbins, Antony: *Das Power Prinzip,* München 1996

Staples, Walter: *Personal Coaching in Action,* Paderborn 1998

Stielau-Pallas, Alfred: *Die Macht der Dankbarkeit,* Wäschenbäuren 1998

Tepperwein, Kurt: *Das Geldgeheimnis,* München 2001

Thieme, Kurt H.: *Easy Selling,* Wiesbaden 1994

Thieme, Kurt H.: *Preisdruck? Na und!: Wie Spitzenverkäufer Preise erfolgreich durchsetzen,* Uffing am Staffelsee 2010

Strunz, Ulrich: *Fit for ever!,* München 1997

Hörbücher

Christiani, Alexander: *Die 12 Geheimnisse des beruflichen Erfolges,* Bergisch Gladbach 1999

Christiani, Alexander: *Das High Performance System*, Starnberg 2005

Collins, Jim: *Der Weg zu den Besten!,* Kreuzlingen (Schweiz) 2005

Covey, Stephen R.: *Die sieben Wege zur Effektivität,* Frankfurt/ Main 1997

Enkelmann, Nikolaus B.: *Das System zum Erfolg,* Landsberg am Lech 1997

Focus Magazin Verlag: *Die Erfolgsmacher,* Frankfurt/Main 2005

Höller, Jürgen: *Sicher zum Spitzenerfolg,* Kreutzlingen 1998

Höller, Jürgen: *Erfolg ist ein Naturgesetz,* Gochsheim 1996

Kiwus, Dieter: *Erfolg beginnt im Kopf,* Oberasbach 2006 (Direktbestellung unter www.dieterkiwus.de)

Kiwus, Dieter: *Empfehlungspower,* Zirndorf 2010 (Direktbestellung unter www.empfehlungspower.de)

Lejeune, Erich: *Lebe ehrlich – werde reich*, Kreutzlingen 1997

Mohr, Bärbel: *Bestellungen beim Universum,* Augsburg 2000

Schwartz, Davit J.: *Denken Sie groß,* Beltershausen 1997

Sprenger, Reinhard: *Die Entscheidung liegt bei dir!,* Frankfurt/ Main 1999

Strunz, Ulrich: *Flow – Das Geheimnis der Höchstleistung,* Konstanz 1999

Tolle, Eckhart: *Jetzt! Die Kraft der Gegenwart*, Bielefeld 2003

Tracy, Brian: *Personal Leadership,* Baden 1998

Wenn man einen Entschluss gefasst hatte, dann tauchte man in eine gewaltige Strömung, die einen mit sich riss, zu einem Ort, den man sich bei dem Entschluss niemals hätte träumen lassen.

Paulo Coelho

Internetadressen

www.zeitzuleben.de : Allerlei Tipps, nicht nur für Verkäufer. Hier kann ein auch kostenloser Newsletter bezogen werden.

www.dasabenteuerleben.de : Über 100 nützliche Hörbeiträge (Verkaufen, Management, Kommunikation, usw. zum kostenlosen Download im mp3-Format).

www.aa-training.ch : Geballte Kompetenz zum Thema Mentaltraining, kostenloser Newsletter.

www.rusch.ch : Spezialverlag für Hörbücher.

feel-better.blogspot.com/ : In diesem Feel-better-Blog geht es darum, sich im Alltag einfach besser zu fühlen und mehr zu erreichen.

www.hpz.com/Podcasts/podcast-anleitung.html : Eine Anleitung zum Einstieg ins spannende Thema Podcast und jede Menge spannende Podcasts für offene Menschen zum kostenlosen Download!

www.pimpmybrain.de/ : Podcasts rund um die Themen Wirtschaft, Zukunft, Marketing.

www.wellenreiter-invest.de : Interessante Informationen rund um Wirtschaft und Investments.

www.dieterkiwus.de : Infos zum Trainer sowie Möglichkeit, Feedback zu geben und Fragen zu stellen. Tipps zum Lesen und Hören rund um das Thema Erfolg.

www.empfehlungspower.de : Die Internetadresse für Empfehlungsprofis und solche, die es werden wollen. Hier gibt es viele Tipps, Tests, Checklisten und auch das kostenlose E-Book Empfehlungspower von Dieter Kiwus.

http://twitter.com/Erfolgspower : Der „Twitterkanal" von Dieter Kiwus mit kurzen Erfolgsimpulsen, Zitaten, interessanten Links und neuen Ideen für noch mehr Freude am Verkauf und dem Leben!

Kooperationspartner

www.cocomin.de : Agentur für Veränderungsprozesse in der Finanzdienstleistung.

www.hspag.com : Unternehmensberatung für Veränderungsprozesse in der Industrie.

www.gleissnerpartner.de : Management- und Personalberatung für den Mittelstand.

www.changepartner.de : Unternehmensberatung für den Mittelstand

http://www.adgonline.de/adg_online/ : Die Akademie Deutscher Genossenschaften ADG – Ihr Partner in allen Qualifizierungsfragen

Der Autor

Dieter Kiwus, 1963 in Nürnberg geboren, machte sich bereits mit 20 Jahren als Finanzberater selbstständig. Schon mit 24 Jahren wurde er Organisationsleiter einer großen deutschen Versicherung für den Bereich Nordbayern. 1990 gründete er sein eigenes Vertriebsunternehmen. Seit 1994 coacht und trainiert er gemeinsam mit seinem Trainerteam Führungskräfte und Vertriebsmitarbeiter aus der Finanzdienstleistung und dem Handel. Er führt interaktive Motivationsveranstaltungen durch und bildet firmeninterne Trainer und Coaches für namhafte Unternehmen aus. Darüber hinaus ist er Autor von Fachartikeln und Podcasts.

Für Feedback und Anfragen wenden Sie sich bitte an:

Dieter Kiwus
Troppauer Str. 9
90522 Oberasbach

Tel: 0911 – 6 99 47 83
Fax: 0911 – 6 99 47 90

E-Mail: DKIWUS@aol.com
Homepage : www.dieterkiwus.de

Für Ihren Verkaufserfolg

↗

Kunden kaufen Emotionen!

Wann kauft ein Kunde? Wann kauft er nicht? Wie können Verkäufer die Macht der Sprache erfolgreich nutzen? „Emotion Selling" erklärt Verkaufskommunikation aus Sicht der Neuro-Kommunikation, der Lernpsychologie, einer neu entwickelten Emotionstheorie sowie Aspekten der Stressmedizin grundsätzlich anders als bisher. Ergebnis ist eine Verkaufskommunikation, die kundenzentrierter, bedarfsorientierter, wertschätzender und motivierender ist – und damit messbar bessere Ergebnisse und Umsätze erzielt.

Gerhard Bittner / Elke Schwarz
Emotion Selling
Messbar mehr verkaufen durch neue Erkenntnisse der Neuro-kommunikation
2010. 179 S.
Br. EUR 34,95
ISBN 978-3-8349-1765-2

Praxisbewährte Strategien für mehr Umsatz in engen Märkten

„Die Vertriebs-Offensive" bietet ein ausgefeiltes Maßnahmenpaket, das Vertrieblern hilft, auch in schwierigen Zeiten neue Kunden zu gewinnen und Potenziale bei bestehenden Kunden noch besser auszuschöpfen. Ein wertvoller Leitfaden für Unternehmer, Vertriebsleiter und Vertriebsmitarbeiter, die sich in umkämpften Märkten erfolgreich behaupten wollen. Mit nützlichen Checklisten, Maßnahmenplänen und Praxisbeispielen. Neu in der 2. Auflage: vertiefende Praxisbeispiele zu den vorgestellten Strategien.

Ewald Lang
Die Vertriebs-Offensive
Erfolgsstrategien für umkämpfte Märkte
2., erg. Aufl. 2010. 239 S.
Geb. EUR 42,00
ISBN 978-3-8349-2011-9

Ihr guter Draht zu jedem Gesprächspartner im Verkauf

Termine gewinnen, Einwänden begegnen, Preisverhandlungen führen – Führungskräfte und Mitarbeiter im Verkauf sehen sich täglich mit anspruchsvollen Gesprächssituationen konfrontiert. Erfolg hat, wer versteht, wie sein Gegenüber „tickt", und darauf flexibel eingehen kann. Die Autoren liefern einen Werkzeugkasten, mit dem es Ihnen gelingt, Ihre praktische emotionale Kompetenz zu entwickeln.

Wolfgang Schneiderheinze / Carmen Zotta
Ganz einfach überzeugen
So nutzen Sie Ihre emotionale Kompetenz in schwierigen Verkaufssituationen
2009. 206 S.
Br. EUR 29,90
ISBN 978-3-8349-1459-0

Änderungen vorbehalten. Stand: August 2010.
Erhältlich im Buchhandel oder beim Verlag

Gabler Verlag . Abraham-Lincoln-Str. 46 . 65189 Wiesbaden . www.gabler.de

GABLER